思想觀念的帶動者

文化現象的觀察者

本土經驗的整理者

生命故事的關懷者

心靈工坊 PsyGarden

Holistic

探索身體，追求智性，呼喊靈性

攀向更高遠的意義與價值

是幸福，是恩典，更是內在心靈的基本需求

企求穿越回歸眞我的旅程

神之手2

透視你的生命藍圖

作者／成英姝

目次

CONTENTS

序論

在《神之手》這本書裡，我借榮格的個體化觀點，以塔羅牌的二十二張Major Arcana所揭示的人世生命旅程的圖景，來詮釋人一生的階段進程，說明在這個過程裡，內在以什麼樣的機制來與「自我」共同創造人世生命的遭遇，並借取榮格「原型」的概念，予以內在機制的人格化。目的是讓人瞭解自身內在的廣闊，無論是在多重面相上，以及所能運用的能力上，而無須受限於「自我」有限認知的框架。

現在我則將進一步探討人的生命歷程發展的結構與邏輯，從中瞭解我們每個人的人世生命涉及的主題，我們的生命藍圖是如何設計的，以及人生經驗是如何就此藍圖展開。這能使我們找到一個窗口去窺探我們的人世命運如何「被安排」，以及自由意志如何去擴充它。

首先，延續《神之手》中所提及的人世生命的發生有其歷程，「自我」從「本我」獨立出來，進行一場探索、冒險、創造與體驗，同時「自我」也與「本我」發生了（假性的）脫離，「自我」與「本我」離得越遠，越會專注在人世生活的發展上，但「自我」終究要重新與「本我」結合，這才是完整的生命歷程，最後回歸「本我」劃下句點。

而這個「自我」獨立的探索，與「本我」共同增長的過程，每一階段都有其功能、目的，我將其大分為六個階段：內向本能期、外向開拓期、交互作用期、價值實現期、回歸期、成熟期。「自我」歷經這六個階段，從本質出發，逐漸融入外在世界，尋求於外在世界中的存在感、位置確定、價值實現，以這種自我實現的欲望和動力擴展生命經驗，將這些寶貴的經驗值帶回給「本我」。

在內向本能期中，「自我」離開「本我」不久，距離還很接近，是能不自覺受「本我」影響的初始狀態。行至外向開拓期，「自我」開始躍躍欲試，以自己的眼光和力量來創造生活經驗。進展至交互作用期，「自我」離開「自我」中心融入外在世界，遇到衝突與挫折，審視需要修正信念的地方。價值實現期「自我」要進入提升，建立新的信念系統，開展視野、突破侷限，尋求價值完成，符合自身及「本我」的期待。走到回歸期，是「自我」必須重整的時候，這也是「自我」與「本我」分離的折返點，「自我」要開始向內看，得到新的平衡。最後是成熟期，通過前面階段的學習經驗，「自我」與「本我」都獲得增益。若「自我」與「本我」此時有恰當的融合，「自我」將擁有超越以往的全幅視野。

在這本書裡我提到「自我」二字時，只簡單地包含兩種涵義，其一就是指個體，其二是針對在物質世界中經驗肉身生活的這個表面意識，但實際上這個表面意識與底下一路通達最深的內在並無斷層、分割，且是連續性的。

生命歷程的主要主題影響了個體誕生的環境與其身心條件，人生可能遭遇的人事物與轉折，其內每個時期的主題影響了個體置身的家庭狀態、童年的成長遭遇和經驗、進入社會的適應情形、置身群體會發生的人我互動與反應、「自我」價值探尋的方向、生命經驗中會遭逢的困厄與災難、心理與生理的變化、晚年生活的健康情形等。

「自我」的生命經驗不是被決定好的，而是在這些主題之下「自我」與內在的共同創造，一切經驗皆是各種力量的動態平衡結果，每個內部階段的主題也是從趨向平衡的動力衍生，並非限制性的死板框架。

生命歷程有階段性，其中的大分階段也有主題和進程、其內的微型階段也有主題和進程，每個階段歷經的時間並非均等，或長或短視這個階段裡「自我」經驗的發展是否順利。這個模式就有如原子構成細胞，細胞構成組織，組織構成器官，器官構成人體一樣層層疊上去的，因此它的成長有一個活化的有機性，會隨「自我」的覺知和意志產生變化。好比說一個人在某個階段裡沒有適當展開該主題，或進行該主題時發生嚴重的偏失，影響了後續生命經驗的良好創造，那麼在下個階段便會面臨有助於做出調整的主題。所有的微型階段都有其主題，把這全部的拼圖碎片組合起來，便成了我們的生命藍圖，它有一個巨觀的、某種程度的設計，但並無所謂不可違抗，相反的，「自我」有完整完全的意志。

人們很容易把生命歷程的主題和經驗混淆，這兩者是完全不同層面的事，我們所經歷的事件，以及就算一生中大部分的時光都籠罩在某種經驗裡，它都未必是主題。主題是生命歷程要展開的題目，經驗是為了這個題目展開的素材。

因為人們太注重人世生活的遭遇和經驗，因此想窺知自己生命藍圖的內容時，都把注意力放在世俗實質的、具體的遭遇、事件，但這些遭遇、事件都是成就主題的產物，而遭遇和經驗是來自發展主題的創造，它是可變動的、可掌控的。所有的經驗、事件都有其意義，幫助「自我」覺知主題、開展主題，從中增長、獲益。而想要改變自己生活的遭遇，創造、重新編寫自己的藍圖，也需從瞭解自身主題的運作著手。

第一部分

生命歷程的主題與階段性發展

過去上千年來，哲學家思考生命是否有意義？如何尋找生命的意義？如果這些偉大的思想家，以及實證主義者或機率論者聽到我說生命是有主題的，這主題甚至是事先被選擇的，可能會惱羞成怒吧？

某些宗教的觀念認為生命有課題，但用課題這個詞太容易陷入狹隘的定義，把生命解釋成功課、習題，固然這麼想也不完全錯，但抹煞了這其中至為關鍵的部分：創意、實驗性、活潑的遊戲性質。我曾說工作裡有苦、有難題、有打擊、紛擾、挫折，電玩遊戲裡也有任務、阻礙、受傷、難關，你拚命在後者裡找嚴苛挑戰，覺得那樣才刺激、有趣、有成就感，那麼前者又有何不同？為何你能接受、歡迎後者卻排斥前者？你說因為後者是遊戲，它的痛苦不真實，傷不到你、死不了你，其實前者也一樣。你越投入，它越真實，而生命經驗裡的痛苦傷不到你的靈魂，死不了你的「本我」，就是這麼一回事。

「自我」的生命旅程就跟「本我」玩一場電玩遊戲一樣，「自我」是「本我」在遊戲裡扮演的角色，但「自我」並不是一個傀儡，「本我」並不吝給「自我」攻略指南，歡迎「自我」一起參與遊戲的創造。

在這本書裡我想聊「找出自己生命旅程」這一冒險遊戲的攻略指南的方法。就像電玩遊戲有主題，生命的歷程也有主題，且有階段性的邏輯，像電玩遊戲的一關關過關斬將，但生命經驗的階段邏輯更像一篇文學作品或者一首音樂，以階段性邏輯為組織結構，就主題發展開來。雖然有既定的主題和結構，卻不是僵硬的侷限與限制，相反的，它提供無限的自由，足以揮灑出最豐沛的成果。

一、生命歷程的主題

我在《神之手》這本書裡，以人格化的方式談了二十二個主掌生命經驗的內在機制，這是「本我」運作「自我」人世生命的力量，也是「自我」所能擁有的無限智識與力量，同時他們揭示了人的生命旅程如何開啟、如何進行、如何回歸，每個階段有其任務，以推進這場旅程達到完滿，因此他們也是生命歷程的主題。

在這本書中我會再詳談這些主題如何呈現在生活中。好比說，探索自己整個人世生命歷程的主題，有助於瞭解自己為何生為現在這樣的人、擁有這樣的人格特質、誕生在這樣的環境、生活中的各種遭遇如何影響自己、每個階段為何會發生如此令人驚奇的事、這些事的發生是為了帶給我什麼？

我們先來從「主題」究竟是什麼談起。

何謂主題？

為什麼要有主題？

曾有一個年輕人跑來跟我請教寫作的方法，我談到寫作要有主題，她聽了完全不以為然地反駁：「為什麼一定要有主題？」我回答：「假使完全沒有主題，你究竟是在寫什麼呢？」

打個比方，旅行不一定要有目的地，卻也得知道自己為何旅行，想從旅行中獲取什麼，哪怕你的答案很籠統，你不預設旅行要帶給你什麼，但必然也存著那使你的人生經驗豐富的目的性。否則那不叫旅行，也不叫流浪，只是在打發時間，讓每分每秒一日一月無意義地丟進垃圾桶罷了。

有人以為有主題就是沒有自由，不限主題才叫做自由，才能盡情展現創意，才能盡情奔放揮灑，這種想法是不瞭解主題究竟是什麼意思。

如果你要畫一幅畫，你究竟是想畫什麼，怎麼個畫法呢？有些人以為抽象畫叫做沒有主題，事實上抽象就已經是形式的主題。我經常在畫展看到畫作的題目叫「無題」，但事實上，作者選擇的形式風格是什麼呢？選擇了黑白還是彩色呢？選擇了什麼畫紙和顏料呢？你為什麼選擇的是這個而不是那個？假使你說「沒有理由」，那麼意味著在整個過程中，不是這樣而是那樣或者是任何其他的樣子，都沒有差別，老實說，這幅畫就毫無畫出來的必要了，不是嗎？但如果你理直氣壯地說，我想展現的就是「整個繪畫的過程中每件材料、每個動作，全部都是無意義的，全都是可以用任何其他的方式取代的」，那麼，毫不客氣地說，「整個繪畫的過程中每件材料、每個動作，全部都是無意義的，全都是可以用任何其他的方式取代的」就是你的主題，因為你選擇了這樣的意念來畫出這幅畫。

如果你以為中規中矩地畫一幅寫實的、能被清楚地解讀、辨識的畫才叫有主題，那麼你完全誤會了主題的定義，主題其實就是你為何畫這幅畫？你想嘗試某個題材，你想實驗顏色，你想研究風格，都可以是理由，你也可以為了一個毫不具體的理由，好比說你想「盡情發揮創意」，但即使是為了「盡情發揮創意」，下筆前你也得想，你心中所謂的創意究竟是什麼呢？就算你去抓幾隻雞來，在牠們腳上塗油彩，讓牠們在地上亂跑，你說那些腳印子就是你的創意展現，或者你什麼都不做，把一顆石頭乾脆地放在桌上，你說那是你的創意展現，其實你心中都已經先定義了你認知的創意，過程則是尋找一個方法展現符合你創意定義的作品，無疑的這其中透露了你的風格，而你的風格是什麼？這不也是你的主題嗎？

主題是為了創作者本身

我說的這個主題，是對作者而言的。有些創作者之所以說主題不重要，或者不該存在，是因為他認為觀看者應該有他自己的詮釋，但這是另一回事，觀看者本來就會有他自己的詮釋，這簡直就是理所當然的事，他本來就是客體，但創作之於你自己，你為什麼把它創造出來？為何要動手？過程抱著什麼心理？中途是否改變想法？改變又是為什麼？為何如此改變？不管你有沒有把客體考慮進去，不管你想不想跟客體溝通，這都是你的想法，這些想法是必然存在的。否則這件事就不成立。

簡單地說，作品就是主題的顯化。稀薄的主題產生稀薄的作品，而意圖越強的主題就產生意圖越強的作品，因為兩者是同一件事，沒有主題就沒有作品，因為作品的成立，全然就是將不存在於實質世界的意念以實質的形象轉化出來的過程。

生命歷程就好比「本我」利用「自我」這個肉身生命進行一場創作，如同前述，必然有一個主題，否則這創作就不成立了。因此，很顯然的，主題在生命發生之前，已經被選擇了。

這麼聽起來，很有宿命論色彩，但完全不是這麼悲觀、侷限的味道，剛好相反，是活力充沛的，自由而蓬勃的。

為何這麼說？

假使有一班美術係的學生，我說沒有任何題目，你們盡情展現創意吧！大家的反應很可能就是呆若木雞、無所適從，如果我說，今天的題目是「與外星人邂逅」，那麼大家反而躍躍欲試，覺得這太好玩了，立刻動腦筋思索如何大顯身手，有的人畫出異形那樣的外星人，也有些人卻畫出如夏卡爾的作品般夢幻的色彩，說不定也有些人的畫面是以有如電視被雜訊強烈干擾一般奇特的混亂幾何線條所組成。

再舉一例，一群小孩玩球，我大方地宣布：大家不要有任何規則，盡情地玩球吧！別說不好玩，甚至根本玩不起來，但如果我說：分成兩隊，人數相等，只能投入己方的籃框，不能用抱著球跑，不能讓球跑出界外……，一旦有了具體的形式限制，球突然變得好玩得要命，不是嗎？

生命歷程的創造是有主題的，且因這主題使得生命經驗變得豐盛而飽含意義，生命裡美好與黑暗、歡欣與痛苦都是這創作色彩的一個成分，令人感到愉快、喜悅的經驗和令人感到悲痛、戰慄的經驗就像紅色和藍色，綠色或紫色，同樣是讓人世的世界繁茂燦爛的成分。

一旦接受生命經驗是有主題的想法，接下來當然是嘗試找出自己的主題，這是有益的，讓我們明白自己此生所為為何，是在朝什麼方向進行體驗和創造，但絕不可把這解讀為宿命論，完全不是那麼一回事！正如前述，有主題並非無道理的束縛（更可怕的想法是某種獎懲！），相反的是為了能更盡情揮灑，因此若不能認知某種層面上的侷限的設定是為了自由，而把這侷限變成限制，那麼就會弄巧成拙。

在《神之手》裡我談了很多「本我」對「自我」的指引，我借用了榮格的學說裡原型的概念與個體化的理論，使用原型概念是因為我認為生命歷程的階段性以人格化的方式呈現，符合原型的特色，至於個體化，「自我」和「本我」的融合過程，是以吸收每階段的內在人格的方式來轉變，這也是毋庸置疑的。不過，我更偏重的是在這個融合過程中的創造性，也就是說，「自我」在與「本我」重新融合的過程裡，創造的經驗是更重要的，這是「本我」真正需要的養分。不只是融合之後的個體化是完滿的，我認為融合的目的並非融合本身；人世生命的重複，「自我」和「本我」不斷分開又結合，是為了將「自我」進行人世冒險時吸收的經驗，帶進「本我」。

因此「本我」對「自我」指引的方向，是讓「自我」符合「本我」設定的目標前進，而過程實際上重於目的，對主題的認知可讓我們能更清澈集中地發揮創造能量，絕不能本末倒置變成了劃地自限。

明確或籠統的主題

前面說到有年輕人理直氣壯地認為寫小說不需要主題，其實是誤解了主題的定義，也就是說，把主題給狹隘化了。但重點是，不管把主題拉寬到什麼程度，都不能沒有主題。

有些人的生命經驗平淡無奇，毫不戲劇化，若比做一篇文學作品，可說無甚引人的情節，然而不可忽視平淡甚至平庸裡的豐盛，生命本身即豐盛，值得重視的是這過程中緩緩流過的內蘊，不起眼但微妙的起承轉合。

我曾經寫過一篇小說，大抵上沒有一個有結構的劇情，很難看出它的主旨為何，通篇就是呈現一種晦暗陰鬱的色調，奇詭的人物和朦朧的事件，因為人物和事件給人怪異的違和感，而潛伏著好似恐怖的氛圍，但事實上並沒有真正堪稱恐怖的故事。說穿了這篇小說的主題就是這種氛圍，而我早期寫了不少這樣的短篇小說，因為學生時代的我閱讀了各式各樣的小說，自己就偏好這種沒有劇情、沒有結構、沒有主旨的小說，這些後現代主義的產物投和我的脾胃，我完全不是為了打破什麼寫實的陳規，或者挑戰小說的形式，大玩解構什麼的，純粹是這種只呈現曖昧的氛圍、讀者自行尋找象徵的意義，或者氛圍說明了一切，已足以構成作品主體和價值的小說，對我特別有吸引力。

然而重點是，無論寫實或者抽象，主題精密或者朦朧，如何鋪陳開來都是考驗。我們不妨想像，生命就像是寫這樣一篇小說，而作者不只是「本我」，也包括「自我」。那麼，究竟如何寫這篇小說，要把這故事帶到哪裡去，就是生命歷程的發展的微妙之處了。倘使以這種思維來推敲自己：為何陷入窮困？為何無男（女）友？為何遭人背叛？為何對某人就是死心塌地？必然有番不同的體認。

主題和生命經驗的關係

我現在舉個有趣的例子，大家都聽過《莎拉公主》這個故事，小女孩莎拉原本過著幸福而富裕的生活，但晴天霹靂，父親經商失敗而破產，一夕之間她變成窮困的孤女，在女校當女傭，一個人住在小閣樓，卻不改她的善心，某天開始神祕客來幫助她，原來那是父親的友人，最後莎拉回復了幸福美滿的生活。

我們現在試著改變這個故事：莎拉失去父親和財產，一夕之間被打入地獄過著悲慘的生活，遭人侮辱欺凌，從此忿忿不平，一生都在懷念著舊日美好的時光，並怨怒害她父親的人，完全喪失對人的信任，陷入嚴重的被迫害妄想，就這樣失落而不快樂地過了一生。

這聽起來比較像真實的人生，如果我們要找出這個新版本的主題，那麼就是「因為被奪走一切而怨恨一切」吧！假使我說一篇小說可以這樣寫，一定會有人反駁：這聽起來太不完整了吧？主人翁沒有得到任何成長，其遭遇沒有再發生任何轉換，沒遇到任何影響她的人，半途倒向負面就一路倒到底，真是不負責任的小說。但這卻是很典型的寫實派小說的素材呀！反倒是若把寫實小說寫成像原版本的《莎拉公主》那樣，就會被斥責為根本是不符實際的童話故事了（當然，《莎拉公主》本來就是兒少故事）。

換言之，即使是讓莎拉沒有任何成長和蛻變，沒有一個圓融美滿的結果，相反的，半路傾斜以後就一路歪曲下去，仍然是一段有價值的生命經歷，我們說過了，「自我」在人世的體驗給「本我」帶來了增益，不管那是對肉身生命來說美好或者痛苦的經驗。我這麼說，相信一定有人會質疑，既然我在《神之手》裡說到終極的「本我」，也就是靈魂的深處，通達了宇宙的源頭，是全知、全能的，是終極的智慧，真理的所在，那麼它已經是完滿的了，怎會還需要什麼增益呢？

的確，終極的「本我」本身就已經通曉真理，應該說，它本身就是「全一」，所以就是真理本身，它並不需要一個無知的「自我」來幫助它明白什麼道理，但它的特性就是不斷地創造，維持生命能量的循環，可以說就是無限形式的「自我」不斷地創造出意識經驗而聚集形成了「本我」這個本體，宇宙的整全。

我們回到《莎拉公主》這個故事，莎拉遭遇變故，失去了幸福的一切，落入黑暗深淵，她可能朝向憤怒、黑暗的方向走，也可能朝向樂觀、光明的方向走，兩種對內在而言都具有無限的可能性，都能創造出豐富的體驗，因此兩種具有相同的價值，全看「自我」能如何運用其生命經歷。你還可以再任意想出一種版本：因為貧窮和卑微，莎拉必須把天真收起來，必須學會弱勢者的生存法則，變得現實，甚至無所不用其極，她得靠自己的世俗智慧來掙得權力地位和財富。但有一天，她也會開始質疑，究竟什麼才是最有價值的事物？這也可能會是個很精彩的故事。

內在的「本我」會給人世生命設定方向，但不管哪一種方向，對「自我」而言最重要的、符合「本我」期待的，是發揮豐富的創造力，讓「本我」釋放出來的能量活絡。

較之我提出的兩個寫實版《莎拉公主》的故事，原本的糖果童話式版本是不是真的很不符現實呢？也未必，相反的，完滿的生命歷程本來就有其完美的邏輯。莎拉遭逢變故是一個考驗，但她並不因失去一切而喪失她美好的本質，反而體會了不同的生活，使自己的貧瘠變得更慈悲和寬容，換言之，表面上她過著貧瘠的生活，但她把這種貧瘠轉變成豐盛。對「本我」而言，最大的錯誤就是喪失想像力，停滯在原點無法展開，莎拉雖然落入看似絕望的貧困，但她依舊維持飽滿的生命力、活潑的想像，她愉悅地幻想一個充滿美食的房間，而這場景竟然就真的實現了，這不只是隱喻，而是真實的，人世的遭遇本來就是其內在信念的顯化。

「自我」與內在創造生命經驗

前面說的《莎拉公主》故事呈現了三種不同版本的可能，它是三個不同的主題，一是寬容與活潑的想像，一是陰鬱的情感不平與憤怒，一是世故與現實邏輯的價值追求，三個主題都創造出了精彩的生命經驗。

現在我們假設莎拉是一個真實的人，她的「本我」現在要把她送到人世去開始人世生命的旅程，令人好奇的是，莎拉的命運如何被創造出來的？

首先，我們從這三個版本的故事很容易看出來，三個版本的莎拉人格屬性就是不相同的，第一個莎拉樂觀開朗而有慈悲心和活潑的想像力，第二個版本的莎拉陰鬱，情感強烈而易呈現負面，第三個版本的莎拉顯然很務實，適應環境能力強，有企圖心。

這可以推知，假設莎拉的「本我」想創造出來的是第一個版本的故事，那麼對莎拉這個人物的設定就必須是開朗而有慈悲心的，另兩個版本也以此類推，人物的個性必然左右著他的經驗的發展，這也是為什麼大家都知道個性決定了命運，而絕大多數的算命推知的都是當事人的性格屬性。

然而，「本我」把「自我」預設了既定的個性，又加置了主題，好像把這樣一個被操弄的「自我」丟進他不能掌控的遊戲場裡面去，全看他怎麼兵來將擋、水來土掩地反應，若抱著這種想法，便還是遺漏了「自我」的自由意志的部分。

「自我」是他自身命運的創造者，我在《神之手》中已提過內在機制協助「自我」創造外在的經驗，包括所有「自我」以為那都是跟他無關或無緣由的外力、無法操控的環境、遭遇。生命經驗的偏向正面或負面，全看「自我」內在系統每個面向的平衡狀態。

我們把三個版本的《莎拉公主》的故事想成三種生命經驗發展的可能；先說內在設定了第一種，他讓自己在出生前就被設定好是個具有開朗、善良傾向性格的女孩，而她的主題是以寬容之心體會生命，創造出富有挑戰性的經驗，使她單純的心性能更臻於成熟。在第一個版本裡，這主題發展的非常成功，「自我」和「本我」一同得到一場精彩的旅行。

但內在也可能做不同的設定，他想讓人世生活接受情緒平衡的挑戰，設定「自我」是一個情感容易陷入偏執的女孩，這會是比第一個版本更有挑戰性的旅程，這個莎拉會較關注她自己受傷的感覺，理性地克服她的負面傾向，把自己帶到平和的狀態，用關懷和理解他人來擴大自己的世界對她來說是困難的事，她會被陰暗的想法吸引，憤怒帶給她的力量比寬容大，她要學習調節這種失衡，內在會安排指引她的人事物，但她不一定看得見。從挫折、被傷害、遭背叛中學習包容、接納來超越和壯大自己，以及理性和情感的平衡是她的主題，這會使她比第一個版本獲得更多層次的提升，因為她要去調和更多來自自身的負面成分，但她如果無法成功，生命經驗就會持續往不幸、黑暗歪斜。

第三個版本對莎拉的設定也能帶來不同的豐富經驗，這個版本的主題較傾向世俗，會較前兩個版本更傾心於人世世界的價值邏輯，她會追求較為實質的自我實現，那使她感受自身在人世的價值存在感，她不會像第一個版本的莎拉從關懷、慈善、純真的想像、生活的從容自在中便獲得滿足、幸福，她有更強的證明自己的欲望，她必須從物質世界裡具體的事物得到滿足而非從抽象的精神性的事物。

這個版本也非常有力，富有衝勁、熱情，內在希望「自我」的肉身旅程是有強大生命力的，符合人世價值觀的追求是極佳的動力。

但此一主題完美的發展仍是必須走到和諧平衡的結果，「自我」如果被世俗的欲望完全束縛，好比說莎拉為獲取金錢、地位、權力，到了迷失「自我」的程度，最後這些沒有令她滿足、快樂，反而充滿焦慮、恐懼，喪失掉心中最基本的平靜、感受簡單的美好的能力，那就是失衡了。

生命藍圖

主題、形式與內容

若說我們的生命經驗在事先就有了一張藍圖，那麼它包含了三個元素，主題、形式、內容……完全跟任何藝術創作一樣！生命藍圖的主題、形式、內容指的是什麼呢？剛才我們已大致談了主題，至於形式，藝術創作的形式對評論家而言各有其非常執著的定義，而針對生命經驗，我指的是它的手段、風格。同樣的主題，可以選擇極端不同的手段、風格，好比說同樣設定成一個有哲學傾向的人，藉由這一次的人世生命玩味事物的真理，卻可以選擇生命經驗是較平穩、封閉、靜態的，或者遭逢巨大的動亂、波濤、折磨。

幾乎所有的生命經驗都會包含風暴和波折——否則不是太無聊了？想想那些拚命灑狗血的電視劇，那內容聳動的報紙版面，比正正經經四平八穩更博得大眾青睞。如果把你的靈魂想像成一個導演，他可不想拍每一部片都像侯孝賢，他永遠想嘗試更多，「本我」和「自我」協力創造生命經驗，有如一同身兼導演和演員，相信你有時喜歡演靜態的內心戲，有時想飆外放狂野的表演方式，有時想來點動作冒險。風暴和波折的形式風格豈不是可以有無窮的展現型態？有人選擇了像是大屠殺或集中營這樣恐怖、具有強烈巨大的傷害性的經驗，有人相反。前者聽起來很不可思議，但那是非常強而有力的展現方式，劇烈地衝擊人世的「自我」，同時衝擊其他人，是集體靈魂的大震盪。

內容當然指的就是具體、實質、細節的生活經驗本身。換言之，將隱居在湖邊獨自一人生活和大屠殺、集中營這樣的生命經驗相比，就可以理解兩者形式上的差別了，一是靜態平穩，一是劇烈殘酷，而內容就是這經驗的本身，兩者也截然不同。

內在如何設計主題、形式與內容？

現在假想你尚未開始你的人世生命，你正在構思要給自己設計個什麼樣的故事，當你在面對主題、形式、內容的產生時，並沒有一定的先後順序，要去想像一個故事必然包含了人物與事件，從哪一者發想都可以。先塑造角色，他或她是個什麼樣的人，然後再來想他或她會遇到什麼樣的事情，或者先想出有趣的經歷，然後再想要讓角色是什麼樣的人會更加有意思呢？可以選擇在一開始就先設定主題，好比我想讓主角歷經了這個事件以後有了什麼樣的改變或明白了什麼道理，也可以在構思人物和情節的時候同時思索。

舉個例子，如果是先設計事件：一個少年原本害羞而缺乏自信，發生了一個意外讓他得到了某種超能，他變得所向無敵，但這卻使他誤入歧途，然而某天村子發生了大災難，他卻不惜犧牲自己勇救了村人。這是個很粗略的構想，接著你有了別的靈感，何不讓人物是個女孩子呢？她誕生在一個有嚴重的性別歧視和家庭暴力的家庭，這樣故事的主題就能更鮮明了。因為她原先是一個受排拒的人，她也排拒傷害她的人、放逐自己，但她最後選擇幫助那些曾對她不友善、不接納她的人。

那麼為什麼她要不惜犧牲自己去救村人呢？既然村人從來就不接受她，她也不想得到他們的接納，但是，這個村子裡卻有某個人她看得比自己的性命還重要，她喜歡這個人，卻沒有辦法表達。這麼一來，故事的層次又更豐富了，我們可以探討一個人想被認可、證明自己的價值，或者得到愛，但不需要從所有的人身上得到，而只為了某一個特定的人。

如果你繼續想更多的細節，故事會更豐富，層次更多，主題更幽微，好比說，女主角喜歡的其實是一個女生。好比說，女主角的家庭是來自外地的人，有罪犯前科的，或者少數族裔。這麼一來，她的童年時期，她的少女時期，她成年後的生活，每個階段的主題便浮現了。

現在你會有個疑問，你寫的是女主角這個人的故事，那麼她周圍的人怎麼辦呢？那些人又各自有他們的作者，怎麼符合你的故事情節？

所有人的「本我」其實最終是連結的，終極的「本我」只有一個，也就是一為全，全為一。

另一個疑問是，這故事到底在女主角誕生到世界上之前，已經寫到多精細的程度呢？女主角真的顯化至物質世界以後，她到底有多少自由意志脫離這個劇本編寫她自己的人生？

這個想像的練習幫助我們理解我們的生命經驗被（「自我」與內在共同）創造出來，每個細節、遭遇，都有它的意義。

揣摩自己的生命藍圖

我們假想終極的「本我」，「自我」的靈魂，「自我」的造物神，就如同一個小說家，正在寫一本小說。他在動筆前已然先想好了主題、大致的故事情節、呈現的風格，但絕不會是一整本書從頭到尾每個字都想好了才動筆。沒錯，所以生命經驗絕不是每個細節都已經被（宿命論地）設定好了。

為了揣摩「本我」如何設計自己這張生命藍圖的，剛才我們想像了生命歷程這本小說大概是怎麼被寫出來的，人物的性格、人生的情節、人物的遭遇所能呈現的意義等等，都逐一顯現了，所有的設定和情節的發展都有其成立的道理。

但是，就算這整本書在主角誕生前鉅細靡遺地寫完了，它都不算完成，它永遠都處在一個進行式的狀態。主角誕生以後，作者就不只是「本我」這個原作編劇了，「自我」也加入其中，事實上，「本我」非常尊重「自我」的想法，反而是「自我」對自己並不真正全面地瞭解，這有點不公平，因為「本我」始終看見全局，而「自我」只能看見自己鼻子前面的一點點東西。

這種情形之下，「自我」很容易就把故事搞得離了題，或者故事的發展變得很空洞、索然無味，而「本我」就得想辦法把他給拉回主題上。

假使我們去琢磨自己的生命這本小說，或者這齣戲是在什麼樣的設定之下進行的，也許就能幫助我們更理解自己現在遭遇的問題，以及如何創造更棒的未來。

簡便的方法，就是先探索我們的生命藍圖——也就是這本小說或劇本在動筆前設定的主題、形式、內容大綱。因為我們已經有了不少生命經驗，因此可以藉此往回推溯，再加上我們跟「本我」這位創作者並不是不相往來、沒有溝通的，事實上，我們自己一直很密切地參與這個創作（編劇）。「自我」跟「本我」的溝通始終在進行，只不過「本我」能完全清楚「自我」的意志，而「自我」卻常常無意識到來自「本我」的訊息。

在《神之手》裡我談了「本我」與「自我」偕同創造生命經驗的機制，以及「自我」和「本我」溝通的方法，這本書裡我進一步談生命經驗的創造依據的主題是什麼，並敘述了階段性的展開方式，如此一來我們更能覺知自己置身何處，該往什麼方向。

主題、形式、內容三者其實是不可能單獨敘述的，因為它們必須三者同時成立才發生的。所以不管我談的是何者，必然都涉及了其他二者。

在《神之手》中我談了二十二種內在人格的特質，他們是來自「本我」的能力以及負有協助「自我」創造生命經驗的機制作用，他們也是生命歷程二十二個階段的機制，同時具有主題功能。在這本書裡我將闡述這些主題功能，以及為了展開主題，其原本的特質在「自我」身上會配合人世經驗而呈現怎樣的屬性傾向，以及分析主題放在整個生命歷程、以及放在大分階段或單一事件上來看，是怎麼回事。

有些人可能會認為，生命主題總共只有二十二種，是否太少了？但這二十二個基本主題就好比基本的顏色，就如色彩只有三種原色，卻足以畫出有無限顏色變化的圖來。

生命藍圖提供什麼資訊？

我總是很驚奇，如果真有一份生命藍圖，大部分人都希望它能提供的資訊越精細越好，諸如你會考上何所大學？會從事什麼工作？幾歲時會結婚？某年某月某日你會發生車禍，某年某月某日你丈母娘會死，某年某月某日你自己會死。這太怪異了，我簡直不敢相信有人會接受生命經驗是如此僵化、死板、每分鐘都早已被刻在石頭上的東西。

也有的人想法剛好相反，如果告訴他有一份記載了他一生會發生的所有事件的生命藍圖，問他想不想看？他會說不想，與其先知道結果，不如無知地順其自然走下去。但是如果告訴你，有一份記載著你一生會發生什麼事的生命藍圖，但你可以自由改寫，那麼你就想看了吧？

確實有生命藍圖沒錯，你的過去、你的現在、你的未來都寫好了，「本我」這傢伙很厲害，他每一瞬間都寫出了一本書，完整的，寫到最後一個字後頭的句點。問題是，你注意到這句話的重點了嗎？他每一瞬間都寫出了一整本書！換言之，下一瞬間他又寫了一本。因為你看不出來兩本有什麼差別，所以你以為是同一本，但事實上它有變化的，尤其是「自我」的意志產生了很大的變動的時候。「本我」很樂於「自我」提供了很不一樣的想法，它時時刻刻把這些想法納入他新的創作。

因此，以為自己有一份被寫好了的不會改變的生命之書，那麼去探索它是毫無意義的事，可是明白那書是活的、生動的，你可以參與，情形就不同了。同理，你該從那書上得知的訊息，也不應是死的東西，而是可自由揮灑的空間為何？我說過了主題是個能帶來創造的自由的設定，舉個例子，有三個人的生命歷程主題都是「愚人」，但他們可能用完全不同的生命經驗來詮釋這個主題，一個人成為畫家，一個人是醫生，一個人是計程車司機。反過來說同樣是醫生，很明顯的世間每位醫生的人格特質都不相同，理想和目標可能也大相逕庭，他們的主題當然各自不同。

再者，主題的設定跟我們的人格屬性有很大的關連，除此之外跟我們所處的環境也有關係，好比說為何你出生在一個已開發國家或者第三世界國？為何你出生在一個富裕的或者貧窮的家庭？為何你的成長環境讓你較為容易接觸到藝術性的或者很市井的或者很殘酷的或者有特殊意識型態的背景？這些都是很有意思的問題。在《神之手》中我談的較多是內在能提供的多種人格面向以及潛能，在這裡則想多提及內在設定的主題所能帶來的各種生活經驗與遭遇，這些經驗與遭遇不是僵化的、死的，而是有助於發展主題的材料，「自我」有責任將其豐富、擴大。

如何「馬上」掀開自己的主題？

總是有人問我，有什麼方法可以「立刻」用一種簡便法一翻兩瞪眼地找到自己的屬性，或者自己的人格特質，或者自己的天命，我相信現在也有人會問是不是可以抽張牌，或藉由自己的出生日期來推算的方式等等，馬上確定自己的主題。

我說過了不會完全否定任何工具、技巧、測驗、計算方式來探索這些答案，我也無意阻止你這樣做，我想這些方法可以提供你一些線索，或者給你帶來啟發，至少讓你有個尋思或質疑的起點。然而它不會是絕對的，也無所謂「標準答案」為何。

有些透過有規則的推算、排列能得到關於命運的繁雜細節的技巧，很多時候是看起來很讓人信服的，它確實得到不少讓人覺得合乎事實的答案。沒有錯，它甚至可以說是完美的，然而真相是，它只在一個維度上面完美，而宇宙其實有無限個維度。

最驚人的真相是，我們並非一直活在同一個維度上。但就如當你坐在列車上前進時，你會以為是旁邊的列車在後退，換言之，我們活在主觀世界中，因此根本不可能有辦法意識到自己所在的宇宙的維度變換了。只適用於「宇宙僅一個」的制式方法，只能提供參考，不可能呈現全貌，全貌是無限的。

這麼講你可能感到難以理解，但我們現在無須著墨在此，你只需記得一個概念，別往任何制式化的坑洞裡跳，所有的框架都有意義，但都不是死的。你永遠有完全的自由，但你得先理解那意味什麼，否則你無法擁有它，你更不能在未理解之時就先放棄，自己把自己先束縛住，還覺得那是理所當然的。

你可以推翻、重寫你的生命藍圖，你會瞬間展開全新的生命，你會有一個「新的出生年月日時」，這個瞬間你躍到另一個維度的宇宙去，而你全然不知曉，請問，這樣你還認為一個死的、限定的命盤推算是有意義的嗎？

我寫這個話題，不是在告訴大家一本死書有什麼密碼可以解讀它，而是一本活書你要怎麼去看它，你自己就是它的作者，你怎麼寫它，如果你不能把自己的眼光拉高拉大，你就看不見它，你就以為你只是個被寫在上面的棋子。

你必須丟開「有標準答案」的想法，改抱以活潑熱切的好奇來探索你的生命藍圖，你必須認為探索這件事本身就有高度的挑戰性和趣味，才能掌握自己書寫生命藍圖的訣竅。

探索主題有助改善惡化的生命經驗

無論怎樣的生命經歷都有其價值，但「自我」的全部注意力都在其人世經歷上，當然還是最關注自己生命遭遇的展開，像是耽溺於某種劇烈的情感而走向崩潰毀滅之路的藝術家，或者變態殺人狂的故事，也許極富魅力，但對大多數人而言，還是只要在電影或小說看看就好，不要發生在自己身上。我認識很多對偏執的、變態的故事非常著迷的人，他們十分相信自己不同於正常人，但事實上，他們私底下在真正的生活裡遭遇難題時，他們都急於解決、想要回歸到一個安寧的、平順的狀態，跟任何普通人沒兩樣，他們期待被周圍的人接納跟喜愛的心情也跟任何普通人沒兩樣。

因為「本我」本身是終極的和諧，因此當然是指引「自我」朝向這個和諧完滿的方向走，這就是探索自己的主題有其必要的理由，越能明瞭自己生命經歷的主題，越能找到通往和諧完滿的方向。

至於真的完全脫離一般人的精神狀態，而落入嚴重的偏執和病態的人，他們顯然失掉了「自我」和內在的平衡感，甚至可能更進一步喪失掉置身人世世界的意識存在平衡。從內在通往外在物質世界的顯化是一個源源不絕的動平衡的狀態，如果失掉平衡，就會發生在物質世界裡聚焦不清的現象。

舉一個呈現偏執態度的例子，希特勒，他的主題可能是「教皇」，也就是在人世建立符合他理想的法則，但顯然他在「皇帝」的主題之時便發生傾斜，此後一路偏差下去，無視於內在給予的必須做出調節的訊息，這並不只是他的價值觀是偏執的、給世人帶來巨大的災難，他本身也把自己的情感、思維、判斷力逼入僵局，當他在這個層面上已經扼鎖住自己的喉嚨的時候，於外在的實質經驗世界中他不可能擴大他王國的版圖。當主題進行遭遇瓶頸或者偏失時，「本我」會製造出警訊以及崩壞來使「自我」扭轉，有時崩壞是有益的，當下雖然衝擊很強烈，讓「自我」難以接受，但卻是必要的挑戰，然而有時崩壞是「自我」完全忽視內在聲音造成的毀滅，或「自我」放棄人世生活的型態。

內在不依循人世的價值，並沒有「獨裁者是壞人」這種概念，但假設獨裁造成的是人類集體生活狀態的偏失傾斜，那麼也就必然導致這個制度的崩毀。我在《神之手》裡已提過有關於人類集體文明的歷程就跟個人的生命歷程一樣有其階段性發展的邏輯。

找到自己的主題便較容易認知生命經驗發展的方向，這在遭遇外在惡劣的衝擊時，特別有助益，因為你較能掌握這個惡劣的經驗意義為何，它必然指出你的偏失或者意圖把你引到某條路上去。

此外，有些經驗的製造有助於主題的發展，但經驗並不是主題，好比說有的人大半生歷經戰爭，這是他主要的生命歷程，但戰爭並不是他的主題，通過戰爭他如何思考，如何感受，如何反應，如何轉變才是他的主題。

我舉個例子，假使有兩位總統候選人，他們當中究竟誰會當選呢？當總統是不是一個主題？不是。當總統是生命的經驗，它是發展主題所創造出來的材料，而不是主題本身。那麼我們再來看，假使這兩人其中一位的生命主題是「皇帝」，另一位的主題是「節制」，你聽了也許會以為，那麼主題是「皇帝」的人會當選囉！不，也並非如此。主題是「皇帝」的人，他的人格特質會有較強的權力意志傾向，不管他在或大或小的組織裡，或者只是在一般的人際關係中，都會以這樣的特質來創造他的生命經驗，而主題是「節制」的人，其生命經驗則可能致力於求取平衡，無論他在組織裡，或者面對自己。如果他能將領導一個國家變成展開「節制」的經驗，也就是說平衡各方面智慧和力量——因為「節制」也有藉由這種平衡的智慧和力量將他個人以及國家提升到一個新局面的意義——那麼他獲取總統的職位的可能性也很大。

有些人抱著命運就是「生來就是要當ＸＸ的命」這種想法，其實我們的生活經驗——包含了我們會從事怎樣的工作——都是發展我們的生命主題的工具，且生命的每一階段都有其主題，這些階段的主題幫助我們對整個生命主題做更好的開展，以及平衡偏失、壯大能力，有時中間階段的主題跟整個生命主題看來完全衝突、相反（這通常是必然發生的），違逆我們的期待和希望。舉例來說，權力欲望很高的人，看起來好像主題是「皇帝」，但事實上他的主題是「力量」，他必須探索各種力量的角力對峙，若他想要競選總統的這一大分階段主題又面臨的是「倒懸者」，將要進入沉潛、省思的狀態，那麼當選幾乎是不可能的事。

許多人都希望能藉助某種工具、計算、測驗、特殊技巧……立刻、直接地知道自己的主題是什麼，我並不否定藉助工具或方法獲取內在情報的做法，但我還是認為沒有什麼勝過仔細聆聽內在的聲音，審視、思考、捕捉直覺來與內在協力推進自己的生命。

二、生命歷程的階段性

萬物有其法則，否則宇宙的秩序不存在，事物本身就不可能存在了，因為終極必須導向平衡，就如熱量會從溫度高處流向溫度低處，所有事物運行的法則必然有其道理，有其秩序，這一切是連續性的（我們先不討論在連續性當中的分叉開展，那樣一談，又打破了連續性原本的定義，增加了太多複雜度），生命的歷程也有其進程的秩序，因為物質生命是從「本我」的母體脫離，逐漸向外在世界移動，然後折返進行回歸的旅程，行至與母體結合，這移動本身就是一個有秩序的進程。

為了方便瞭解進程的發展和意義，所以用階段性的方式來看待，當然它其實是連續性的，階段和階段間沒有一個明確界線，畢竟就算它發生在一瞬間，一瞬又可以無限分野。

生命的歷程有階段性的展開，每個階段有不同的特徵和意義，這些階段歷程各自有其主題，生命經驗在大的生命主題下展開，也就每個階段內部的主題下展開。

階段性進程的必然性

我父親摔斷腿，連靠自己站立起來都辦不到的時候，卻吵著出國去玩，我說你先試著走出這個門再說吧！我真讓他試，想當然爾是不行。既然連家門都走不出去，怎麼出國？他記性不佳，老是忘了他自己是摔斷腿的狀態，便自顧自站起來，結果摔倒。這例子很簡單地說明了，就像蒸汽要凝結為水，才能再結凍為冰，先要能站才有辦法走，先出了家門才到得了國外，這是基本的邏輯。再者，你要知道自己在這個邏輯上的位置，才能到達想要去的地方，不曉得自己是不能站的，卻一心要跑，當然不明白自己為何會摔跤。

生命歷程的經驗也是如此。

在生命歷程的經驗裡，每個階段有其主題，每個主題有其必然的邏輯和功能，必須依序通過這些階段，完成其中主題的開展。

有一個深陷感情痛苦中的女孩來找我做諮商，以算牌的結果來說，我告訴她需要半年到一年的時間才會脫離這樣的狀態。事實上不會只有半年，但我希望能達到心理暗示的效果，把情況說得較樂觀。但她顯然對於半年這樣長的時間無法接受，一再表明她希望馬上就可以脫離。經過四個小時諮商，當天她回去覺得自己有好轉，過了兩個月我又見到她，她看來氣色很好，精神奕奕，說自己很努力振作，覺得很有成效，她非常急於忘卻情傷整裝出發，簡直是一刻都不能等，然而聽她這麼說很顯然她並未痊癒，反而情況不樂觀。果然過一陣子她又陷入嚴重的低潮。

首先，生命中會邂逅什麼樣的人，彼此會發生什麼樣的影響，都跟自己的主題有關，可能是此一階段的主題，可能愛情事件本身有其主題，如何面對、如何感受、如何處理，都是自我展開主題的方式。

再者，療癒不可能一蹴可幾，因為它必須伴隨真正的轉換和成長才可能發生，人經歷衝擊毀害而痊癒，這是一個蛻變過程，是有其階段性的，你只能按部就班通過每個階段，這不是時間長或短的問題，你若能快速完成每個階段的課題（此階段主題的完滿），你確實可以很快地劃下完滿句點，但每個階段必須完成的課題沒有做到，你就不可能從這個課題裡抽離。也許你有辦法從這個事件跳到另一個事件裡去——就好比很多人治癒感情傷害的方法是另求新感情——但你不可能從這個課題裡跳開，你仍然置身這個課題裡，必須解決它。

看似不良的階段也是必須的階段

許多受執著之苦的人，聽到那些勸人「放下」的言論，就覺得大獲啟發，「放下」實在就是自己的解脫之道，難只是難在曉得要放下卻放不下。我感到不可思議的是，「放下」根本就不是解脫之道，「執念」也不是讓人痛苦的源頭，「執念」很多時候是好的，是必須的，人沒有執念，世界不會進步，人沒有執念，意志不會發生。這時，又有人會大談，有好的執念和壞的執念，但好壞的定義是主觀的，更別提人大多數的心念根本不能用好壞來定義。

問題既不在於該執著什麼不該執著什麼，也不在於執著是對還是錯，問題出在什麼時候該執著，什麼時候該放下，這件事是有階段性的，簡化地說，第一階段是執著，第二階段是放下，成熟的階段是無所謂執著或放下。

一些有智慧的大師指導人們開悟，便談這種自在的境界，或說有欲望是無妨的，只是不要為欲望所束縛，然而，被束縛卻是生命經歷裡必須通過的一個階段，沒有束縛的狀態，就沒相對的自由的狀態，更甚者，沒有聚焦如何看得見事物？束縛好比聚焦，照相的時候，如果不作對焦，影像是模糊的。但你不能一直把聚焦放在同一個很小的點上，那麼你就會看不到任何其他的東西，所以要放開它，你要陸續發現其他的事物，慢慢把焦段拉大，看到更廣角的視野。

生命經歷的必須階段當中有一些是不討喜的，但卻一定得通過。我是少年漫畫迷，小時候看天才拳擊手的養成故事，主人翁初露頭角，所向皆捷，正是讓人熱血澎湃，教練卻說此時他最需要的是——失敗——時，讓我驚訝又不滿，心想這是為了戲劇效果吧？這是故意想刺激我們這些讀者的心情吧？我不喜歡看到失敗，為什麼要讓主角失敗呢？我討厭這樣的情節。

長大後卻不得不承認，沒有失敗就沒有成功，這是鐵一般的法則。我很愛看實境競賽節目，我發現那些一直表現優秀以致於從來沒墊底進入淘汰賽的選手，只要一掉進淘汰賽裡，比那些已經墊底好多次，屢屢從鬼門關回來的人要更容易出局。因為那些嘗過失敗經驗，在地獄裡打滾多次的人，每一次的死裡逃生都重新蛻變，都得到了成長和進化，都更理解這個競賽世界的求生法則，而那些本來天賦條件較好以致於先前都順利過關的人，從來沒嘗過失敗的滋味，他們到了一個程度就停止進步了，因為他們既不曉得自己停滯了，也不曉得前進的方向為何，他們沒有被失敗淬鍊過。

因此，面對想達成、想得到、想改變的事情，一心想直接到達目的地，是不可能的事，對生命歷程而言，不只是從甲地到丙地必須經過乙地，而是沒有經過乙地，丙地是不存在的。

瞭解當下置身於階段歷程中的位置

前面談了很多關於生命歷程與經驗的主題，瞭解主題與瞭解置身階段歷程的位置一樣重要，當你瞭解自己的主題和位置，較能明白自己生命經驗的發展邏輯，也較能掌握經驗的創造。

至於生命的階段性發展，我在《神之手》裡其實已經藉由二十二個內在機制解釋了這些內在機制是「本我」協助「自我」展開生命旅程、創造生命經驗所必須，也是「自我」底下所具備的所有能力與不同面向之特質的全觀，因此這二十二個階段本身的機制就是生命旅程歷經此一階段時的主題，在這裡我把二十二個階段又劃分為「內向本能期」、「外向拓展期」、「交互作用期」、「價值實現期」、「回歸期」、「成熟期」六個大的階段，各自又有其階段性的主題和功能。

這是因為通常這六個大分的階段會又有各自的主題，我們後面會解釋。

為了避免造成混淆，我把在《神之手》曾敘述過的，生命歷程中內在創造出「自我」於外在世界的經驗的機制，也就是由塔羅牌的二十二張Major所組成的生命圖景，以「機制階段」來表明，裡面又劃分的六個階段以「大分階段」來表明。

一次的人世生命會有一個「自我」在這次生命歷程的主題，而生命歷程的二十二個機制階段會就這個大的主題展開，機制階段本身的主題是這個進程裡的意義。大分階段又會有各自的主題，而這些都是為了完成整個生命的主題。另外生命經驗裡的每個單一事件（我們通常較能知覺的是比較重大的、我們較關注的、對我們較有影響或者時間較長的事件）也會遵循機制階段歷程。而這些單一事件必然是在生命該階段（當然是它所發生的時間位置所在）中扮演重要的角色。

生命歷程的階段發展

機制階段	物質生命的旅行	生命經驗與其功能	大分階段
愚人	「自我」的起點	完全主觀的時期，不具有把「自我」當作客體審視的眼光。誕生環境依據主題的設定，對「自我」的現世早期生命造成影響或衝擊。	內向本能

魔術師	往物質世界移動，能不自覺運用內在力量	「自我」以本質面對外在環境，尚未區分幻想與真實。	
女祭司	與「本我」還很接近，能感受內在平靜與智慧	情感與直覺的運作，面臨與外界事物衝擊的挑戰。	
皇后	開始進行物質世界的創造，近似大自然的運作	對外在事物做出來自本質的反應，能感知生活經驗，包含了情緒的、思考的、欲望的。	外向拓展
皇帝	開拓人世世界的發展	「自我」意志的發展，隨個人本質以不同形式展現在行為中。	
教皇	建立在人為世界裡「自我」的法則	較沉溺在自我喜好、自我中心與外界對立或無視於外界。	
戀人	因離開「本我」而意識到與他人的分離，必須以「自我」的力量與他人建立在物質世界的連結	面對置身他人中是否被接納、肯定的考驗，發展與他人互動、連結的模式，以及私人和公眾價值觀的平衡思考。	交互作用

戰車	「自我」追求獨立的創造力	叛逆性與自我意識的發展。	
力量	「自我」學習與物質（人世）環境的平衡對峙	「自我」會遭遇面對無法掌控的外在環境反彈的挫折，學習駕馭能力。	
隱士	「本我」給予「自我」主題的提示，並做出指引	遭遇具有引導作用的人或事。	
命運之輪	為提升和擴展生命經驗，「自我」將往新的方向開展	遭遇將「自我」導入新的生命經驗的人或事。	
正義	「自我」依據新的信念建立思考、行為準則	必須以面對事物所做出的決斷反應來驗證信念系統的新方向。	價值實現
倒懸者	「自我」專注並確認自己的信念，瞭解為此必須付出的代價	停滯或受外在因素陷入休止、困頓，以進行自我辯證或者蓄積能量。	
死神	「自我」為邁入新的信念	舊有依賴的某些事物毀壞、失效，以進	

	體系脫離舊有模式	行更新。	
節制	「本我」協助「自我」調節偏失，做出修正，以向更寬廣的提升與學習移動	因偏失的心態、行為、情感而產生的損傷、災難，需以調節、修正來改善。	
惡魔	「自我」離開「本我」後對現世最集中的階段，也就是離「本我」最遠的地方，同時也是被現世認同最約束的地方	強烈的欲念（尋求更高的自身價值證明和實現，或世俗生活的感受、回饋）為創造有效並豐富的生活經驗的重要動力，但執著心強也造成狹隘的思維與束縛。	
高塔	「自我」開始折返，轉回往接近「自我」移動	以災難性的崩毀形式出現，消弭「自我」的偏失與內在衝突，為進一步做擴展的轉換。	回歸期
星星	「本我」指引「自我」往和內在融合的方向進行	陷入迷惘與不安全感，「自我」面臨朝與過去執著的反向發展，急於尋找希望和指引。	

月亮	「自我」面臨融合時產生不安與質疑	產生動搖和懷疑的心態，面對自己的陰暗面，是轉化負面心態與力量的挑戰。	
太陽	「本我」與「自我」彼此增益而獲得新生，「自我」能在現世感覺來自「本我」的活力與自身寬容度的放大，脫離現世規則相當的束縛	成熟也是新生的階段，融合內在各種力量並將衝突和矛盾予以和諧，「自我」感到從容自由。	成熟期
審判	內在檢視評估「自我」生命旅程的主題開展與創造成果	生命經驗的回顧會以具體或隱喻的方式顯現，提示「自我」心態上的某些劃地自限或偏頗。	
世界	「自我」與「本我」結合達成和諧完滿	感受到生命或事物的全觀與意義，自身完滿即為結束。	

從這張圖表可大略看出生命歷程有其階段順序，這是生命感受、增長、蛻變、成熟的必然順序，毛蟲不會先變成蝴蝶才結成蛹，因此理解這順序是重要的，而這順序有其意義，毛蟲不會先變成蝴蝶才結蛹，因為蝴蝶得來自於蛹。

覺察自己目前的生命經驗走到什麼樣的階段狀態，目前所處的大分階段主題可能是什麼，目前正在經歷的重要事件是在什麼樣的主題之下，又是走到了什麼樣的階段狀態，那能使你看清自己目前的遭遇為何不符合期待，其意義為何？

在單一事件中也有階段性，何謂單一事件呢？好比說眼前正在執行的某件工作、發生一場意外、生了一場病、裝修房屋、升學考試、談一場戀愛等等，當然它延續的時間越長、波折越多，你越能感受出它的階段性意義，而較短、簡單的事件，多半只能抓到這個事件提供的來自內在的訊息。

我之所以將二十二個機制階段又做出劃分，除了這些劃分內有其共同指向，因其功能性存在有其內部主題外，將二十二個階段粗分成六個階段，也使人較易找到自己的位置。

我相信很多人有感覺到，好比說自己生命裡的頭十到十五年的課題，與成長以後的十到十五年的課題，以及成年以後、中年以後，以至於老年，課題是不一樣的，而這些不同的課題彼此的串連是有意義的。你在青少年期感受到冥冥中指引你的某些東西，你當下感覺不到什麼特殊的意義，也許成年以後的階段你把它完全拋到一邊，但中年以後你驀然恍悟，青少年時期曾經對你有所啟發的某些事物，現在有了重要的功用。因為每個大分階段的課題都是要讓整個生命的大的課題能被發展得更完整，而它需要迂迴地通過看似目的很不一致的階段。

每個人的生命歷程階段性的進程是相同的，但是每個階段的長短時間卻未必一樣，因為每個人的生命主題不同，每個階段就助益於此主題展開的方式而言也相異，再加上「自我」的知覺與對內在能力的運用有差異，「自我」的意志也會有干涉，都會使每個人的生命發展大相逕庭。

好比說，有些人在青少年期之前就把內向本能期走完了，有些人直到成年才走完內向本能期。這可能跟他的「本我」設定有關，給予他出生成長的環境較為嚴苛，使他成熟很快，較早進入外向開拓期。但是同樣的環境設定之下，卻有另一個相反的可能的發展是，他變為更強烈地封閉自己，不但沒有較快速成熟，反而內縮，竟然延長了內在本能期。假使能剖析他的人生，發現他的整個生命歷程的主題就是外向積極的，好比說「教皇」或者「惡魔」，那麼他會快速進入世俗傾向的階段是自然的；假使他的整個生命歷程的主題是內向的甚至容易傾斜的，好比說「女祭司」、「星星」，那麼就有理由延長停留在內向本能期。然而我們也不可忽略他本人的自我意志扮演的角色。

在本書的下一部分我會進一步解釋每個階段內含的主題，使你明瞭這些階段歷程發生的功能和必要性，以及其所代表的主題會引導出怎樣的生活遭遇和經驗。

大分階段的主題從何而來呢？我在前面曾比喻性地談了生命藍圖被如同一篇小說般構想，包含了它的主題，它的調性，人物的設計，故事發展的理由……，每個段落都有它的意義，以推進這個故事更能就主題展開，更豐富，更有啟發性，更精彩，別忘了身為主角的「自我」也參與了故事的創作，「自我」在當中的每個階段都保有自我意志，但當他對主題的發展有所偏失，展開不理想，失掉了生氣，沒有能發揮潛力，使得故事朝負面方向一面倒，那麼下一個大分階段「本我」可能會設定一個有助於修正的主題。

越是熟知各階段的特性和用意，越容易辨識自己所處的狀態，而找到自己所處的狀態，不只更能理解、掌握自己目前的遭遇，也能推知下一步可能發生什麼。

生命歷程的大分階段

我將生命歷程的二十二個階段大分為六個階段，用意是使人更容易理解，找到重心，並呈現在主要的大的主題之下，含有陸續出現的次要主題。

但大分階段的區分並不是僵硬的，且是連續性的，彼此的功能是環環相扣的，每一階段都有銜接性而非斷裂。

內向本能期

內向本能期包含的機制階段是：愚人、魔術師、女祭司

內向本能期大約是出生至兒童期，有的人甚至到青少年時期仍在本能期內。這個階段大抵在一種自我感覺裡，雖然幼兒已經開始能認知他人對自己行為的反應，求取肯定、被喜歡，但並不具有真正的價值觀，即使希求回饋也是出於本能，可說是內在衝動，也就是源自直接的情感。

家庭、學校等外在環境、周遭的人會有相當的影響力，但個體的「自我」在這個大分階段裡尚未融進現實的、世俗的、社會化的世界，與外在世界較遠，與「本我」的距離較近，注意力在「自我」的感知上，對於「自我」以外那個世界的另一套運作邏輯，與那一套運作邏輯在自我身上發生的影響，「自我」可能缺乏意識或難以明確理解其中的道理，外在環境會影響人格發展，對於「自我」原始的部分可能是順向或逆向，如果是逆向，「自我」除了受到衝擊，也可能用一套自己非現實的方法去認知。

同樣的環境，不同的個體因不同的性格屬性會產生不同的生命經驗，而同樣的環境，相似性格屬性的不同個體，又會因不同的生命歷程主題，以及此一階段不同的主題，產生極為不同的遭遇。

如果此一時期的主題離「本我」端很遠，那麼外在環境的影響以及其所歷經的生活可能就會造成強烈的衝突和壓迫力，如果是「皇帝」，他可能童年生活在嚴厲的環境，如果是「死神」，他可能遭受面對死亡經驗的震撼。

外向開拓期

外向開拓期包含的機制階段是：皇后、皇帝、教皇

外向開拓期相當於青少年的獨立欲望與叛逆，以及初生之犢面對世界的感官體驗取向。不過很多人的整個學生時代都可能處在本能期，直到出社會才轉入開拓期，因為在出社會之前，並未受到現實世界的強大的衝擊。

開拓期的狀態很容易發生自我中心的現象，因為具體的感知本來就是很自我中心的，這就好比你喝水時感受到水是冷還是熱的，這純粹是你自己的感知，別人喝水你又感覺不到，他說這水是冷還是熱，你也無法明白到底多冷還是多熱，只有你自己喝了才算數。也

因此，「自己的感覺才是真的」是理所當然的法則，衍生出「我認為是對的就是對的」、「只要我喜歡有什麼不可以」的信念。這並不是說處在開拓期中人會變得很強勢，而是會產生這種認知。

外向本能期還不具有真正的價值天平，類似價值觀的東西是較為本質的，進入開拓期會感覺到自己有一種私有的價值觀建立起來，當然這同時也可能會面臨外在世界的公眾價值觀和自己的價值觀有所不同。

若說內向本能期的行為依循的是抽象的內在衝動，外向開拓期的行為依循的則是具體感知的東西。內向本能期的行為獲取的是精神性的滿足，外向開拓期的行為則是抱著務實的企圖。

外向開拓期呈現的是正面的創造力，但也有些人呈現負面的情況，好比說把自己的喜惡、價值觀放在他人之下，變得隨波逐流、人云亦云、失掉主見。

在此階段若主題是離「本我」端很近的「愚人」、「女祭司」，自我可能仍舊以封閉在自我世界的姿態來和外在世界接觸，耽溺在把幻想世界當作真實的狀態，並且擴大這個幻想與真實世界交融的想像力。

如果此階段主題是離「本我」端較遠的「力量」、「正義」，則意味內在設定採取與現實更快地強烈碰撞，較早開始創造衝擊性強的生命經驗，面臨困難且重大的抉擇，以及更複雜的心理計算和早熟的狀態。

交互作用期

交互作用期包含的機制階段是：戀人、戰車、力量、隱士、命運之輪

在外向拓展期「自我」進入外在世界，意識到外在世界，並想要在外在世界立足，這是以「自我」的感覺為標準，但逐漸他會發現外在有另一套標準，有另一種眼光，而與他原先所想的、他自己以為的有所落差、迥異，他面臨很多種可能，接納、被接納、理解、征服、屈服、對抗、模仿、鬥爭等等，他會依本性、意志選擇做法，但他也會依環境、他人的反應、回饋而調整，他可能必須學習某種程度的壓抑或者偽裝，他也必須學習擴展、提高自己的眼光。這個過程他會發覺自己的不足、匱乏，交互作用期自我會面臨與外在世界更深入的互動，對外在世界的感受、認知與過去會有不同，有時這過程「自我」發生的非但不是前進的意志，反而是虛無感的焦慮，但即使是虛無感，正因這種痛苦焦慮，越發感受價值滿足的渴望，這就好像有前進意志的人想造山，相反的眼前是一個大洞的人則想填補。

有些人在開拓期時雖然自我感覺不錯，卻未摸索到發展適合自己的務實生活的方向，在

交互作用期時有可能意外找到原先不曾想過的領域。也有的人是在外向開拓期時迷失自我，或者陷入喪失自信、自我否定的狀態，他需要一個轉捩點把他推進一個不得不正視自我價值的境地。交互作用期的下一個大分階段是價值實現期，「自我」要找到實現其價值的適當方向，在交互作用期中「自我」朝此摸索，而在這階段的後期「自我」會受到內在的指引，並面臨轉換的契機。

此一階段的主題多半有助於強化整個生命主題的發展，或修正前面階段「自我」造成的偏失、不足。

價值實現期

價值實現期包含的機制階段是：正義、倒懸者、死神、節制、惡魔

交互作用期的最後一個機制階段是命運之輪，生命經驗在此很可能會有一個方向的大改變，但在價值實現期，依循這個改變而下，自我面臨的是核心的信念系統的調整、改變，此一階段可說是一連串挑戰，確立「自我」找到真正的價值實現的方向，並且是「自我」真正的轉換、更新。

價值實現期會發生在什麼時候呢？有些人發生在壯年期，多半是中年期，這要看每個個

體前幾個大分階段的時間長短。「自我」在外向拓展期會有較高的且無知的滿足感與自信，越是如此隨後的交互作用期帶來的衝擊越大，「自我」需要摸索、學習、強化自己的時間也較強，「自我」適應學習，能與環境良好對應平衡後，有可能停滯，也或者相反，找不到與環境良好對應的平衡，以致於完全沒有方向感，這都會使交互作用期延長，一直要到內在的能量迫使「自我」非突破不可，命運之輪才會開始轉動。

價值實現期帶來的生命經驗可能會顛覆「自我」在之前熟悉的信念、行為模式，或者把「自我」引導到全新的發展可能。「自我」的更新在此一階段是極重要的，同時也會褪卻舊有的部分，這會伴隨某些痛苦、損壞，而「自我」在此一階段通過重重考驗後，可能得到最大的世俗發展，假使是一個事業很有成就的人，此時是他的巔峰，但也最容易迷失、困住自己。

回歸期

回歸期包含的機制階段是：高塔、星星、月亮

此一階段開始於一個大崩壞，是對「自我」來說很有殺傷力的災難，震動、擊垮了「自我」過去信賴、依靠的重要事物，接下來則是充滿脆弱、恐懼、懷疑的歷程。

具體的崩壞事件可能是事業、名利或健康的損傷，也可能是失去至關重要的事物，而導致恐懼和懷疑的是自我價值受到動搖，這使得「自我」面對的不只是外在遭遇的晦暗，還有自己內心的陰暗面，這時周圍所發生的事看起來都會應證「自我」相信世界負面的傾向，好比說本來就覺得朋友不值得信任，此時剛好就發生接二連三遭朋友背叛的情形，或以前就曾想過人為了自己，欺騙最重要的人也沒關係，此時就有機會讓自己選擇這樣做。一方面想讓自己重新找到充實感、安全感與價值感，一方面又不斷推翻能使自己堅強、沉穩的信念。

此一階段看起來是一個十分陰暗的大分階段，然而其所帶來的負面遭遇並不會比其他階段更糟糕，應該說，任何階段「自我」走向嚴重的偏失、朝負面傾斜，所能帶來的災厄、傷害有可能更具破壞性，給「自我」帶來更多痛苦。

然而這個階段讓「自我」能剝除假象，洞視自己的本質，重新整頓自己的信念，面對自己內在最強烈的矛盾、衝突，歷經破壞和懷疑的考驗，最後清理出來的結果，能使「自我」得到新生。若把回歸期的負面傾向看作黎明前的黑暗，反而此一階段帶來的經驗是有益的。

成熟期

成熟期包含的機制階段是：太陽、審判、世界成熟期是人生的最後一個大分階段，可說是人生的豐收期，而是否將整個生命的主題充分開展並達成完滿和諧的成果，也在此見分曉。

成熟期一般是在初老或老年，約略有孔子說的「從心所欲不逾矩」的味道，但並非指的是不為世俗規範所煩惱，而是更寬廣的出入自在。

老年本身就讓人感到無奈、沉重、人身的無助脆弱和痛苦，想要有一個有品質的晚年生活，平穩順當地離開人世生命，不能等到步入晚年才來面對，最遲在成熟期的前一階段也就是回歸期時就必須做好準備。在回歸期不能鬆開對物質（人世）世界的集中聚焦往「本我」移動，便很難在成熟期做到和「本我」適當的融合，晚年與臨終難免痛苦無法平順。

在容格眼中「自我」與「本我」完美的融合是一種幾近涅槃的境界，不過人世生命的結束「自我」都是會回歸內在的，只是在未經過逐步融合的適應而被拉回，難免有掙扎和驚恐。

如果在生命歷程的前幾個大分階段都能良好地展開主題，完美地順著每個主題進展，成熟期便會達到主題美妙的終章，並以在前面階段累積的生命經驗與智慧，在這個階段裡成熟並滿足，好比說你的目的地主題是「皇后」，你便能在此階段感受無比的美善、豐裕，你的目的地主題是「隱士」，你在此階段對於貢獻你人生的思想與睿智感到自在，絲毫不受世俗反應或牽絆的困擾。視你的主題你在這個階段也許受愛戴和尊敬，也許擁有權力並伸張理想與意志，也許孤獨一人四處悠閒雲遊，重點是你不被執念束縛，深深感覺事物皆如此自然地如你所願，但事實上你沒有那種讓你苦於想得而害怕得不到、想平順而害怕意外、想不變而害怕變的叫做欲望的扯住你的東西。

然而能在成熟期順利展開終章主題的人卻並不多，這是很困難的事情嗎？我想那是因為理性主義、實證主義影響人太深了，人們完全深信物質世界就是全部，唯一的真理，雖然宗教會教人意識現世的虛幻，結果卻走向道德指標，而非教人充分運用內在的力量發揮蓬勃的想像力、生命力來創造豐碩的人世經驗。你所接受、信仰的邏輯會成為你世界的具體形貌，因為沒有對於生命經驗發展的歷程的認知，不辨識內在訊息，自然不易走向順利開展並收成的結果。

成熟期中的機制階段「審判」是對整個生命主題是否達成理想做出驗核，如果答案是「是」，接下來的「世界」代表完美地劃下句點。

如果是「否」，人世生命便還有掙扎，在不願放手又已經喪失在物質世界運行的能量的狀態下，臨終的生命便頗多波折艱苦。

單一事件的階段旅程

雖用「單一事件」這樣的詞，聽起來它非常獨立，但生命中許多事件彼此息息相關，而往往彼此串成重大的意義，不過為了便於理解，用獨立的方式來說明，事實上為自己的生命經驗做分析時，把錯綜複雜的許多事件或者許多層面的經驗拆解開來檢視，也較有助於釐清。

單一事件也有二十二個機制階段的歷程，但是因為有些事件歷時較短，用大分階段來分析較簡明，你可以自己試著用二十二個機制階段來分析，這裡則用六個大分階段舉例，就像先前以《莎拉公主》的童話來當範例，這裡我也用個故事來說明一個單一事件——其實它是相對於整個生命歷程來看，呈現較為單一的面向，但從故事中你可以看出來它並不那麼「單一」，尤其是我想強調事件的延續性的重要，就好像我們不能把第一個樂章結束視為整首樂曲的結束，它的結構是有延伸、變化與回歸的樂章的組合——它可能是在當事人生命歷程裡某一個大分階段裡扮演重要關鍵（影響力，也就是有助於完成在這個大分階段的主題）的角色，也可能橫跨了當事人生命中的幾個大分階段。

下面我藉由一個有趣的故事來描繪單一事件的階段旅程是如何發展的，這是一位古代的國王的愛情故事。

話說國王愛上一名平民女子，我曾說了內向本能期的特色是內在衝動的自發性，而愛情的發生必然是如此，因為它是真實的感覺，你不可能假造你真實的感覺。縱使對國王的立場來說，愛上一名身份不相配的女子是不智、不當的，但愛情就是愛情，真實地發生了。

國王的愛的強烈，足以為了跟這個女子結婚而放棄王位。

內向本能期不受外在價值觀的影響，國王單純地為愛痴狂，胸中為滿懷愛意鼓動，貴為國王而毫不介意不計尊嚴地跪在愛人石榴裙下，除了能和所愛的女人相守，世界上沒有更重要的事。這像是機制階段「愚人」的典型特質。

失去權位變成平民以後，國王看似喪失了重要的依憑，但也可以看作是獨立的開始。這是典型的外向開拓期。事實上在生命歷程中，邁入機制階段是「自我」離開「本我」的庇護，有如動物離開母親的餵食、保護、指導，而外出獨立，建立自己的王國，自己生存的世界，國王現在的情形正與此呼應。

很顯然，故事並不會停留在國王和美女從此過著幸福快樂的生活，這兩人並不是結婚當天就死在大地震當中，而是得持續過日子，此時原本的橫逆不存在了，兩人已修得正果，新的挑戰轉變到務實的層面。

如果國王繼續處在內向本能期狀態，很可能他無法解決婚後生活的難題，他會遭遇許多以前想都沒想過的困擾，然後逐漸被現實生活滅頂。他必然得轉入外向開拓期，放棄王位的國王和心愛的女子結婚後，為了生計開了間農場，這跟繼承得來的王位不同，這可是他自己創的業，他一點也不覺得卸下國王頭銜有何可惜，相反的，他為擁有自己的事業而驕傲。他覺得自己是個頗有創意的人，他不需要學一套制式的經營農場的方法，他何不照自己的意思來？他自信滿滿地動手證明自己的能力。

但他逐漸發現許多事得向現實妥協，而他不是養他自己一個人，他有妻子（我們推想他還有了幾個孩子），他還得養農場的員工，他要開源節流，得降低成本，擴大營收，他得有新的財務規劃，他得考慮專家的意見，他得更有效地管理和運用人才。現在國王不知不覺間走入交互作用期了，經過一番努力，國王總算把農場經營得頗不錯，但時代在變，農場似乎也面臨了該轉型的時候，傳統的做法似乎越來越困難，但大刀闊斧轉變又讓人很不放心。

農場裡新來了個年輕人，大膽獨特的作風帶來一種新的氣象、新的趣味，這讓國王開始有了跟過去不同的想法，誰說思考事物一定要依循某些規則呢？不按牌理出牌不也是一種創意？他改變了經營農場的想法，不再一心抱著如何提升營收來做管理，而以能引燃自己創新的興趣為準則。這時他進入價值實現期，同時挑戰和考驗也席捲而來。

國王覺察到妻子愛上了這個年輕的傢伙。國王不知道如何處理這樣的局面，是否要想辦法挽回妻子的心呢？她可是他當初放棄一切換來的啊！但如今所有的事都不同了，他如何看待他新的這個王國呢？這跟當初那個王位不一樣，不只是他自己創造的有如自己的孩子般的世界，同時也代表了他新的人生。

不幸的是，妻子不但愛上那小伙子，兩人還謀奪了農場的經營權，國王——當然，他早就不再是國王了——第二次失掉了他的王國，跟上次不一樣，上次是他主動放棄的，而這次是被剝奪了一切。

當初為了這個女人放棄權位的自己現在看來似乎很可笑，他幻想跟那可惡的傢伙決鬥，哭著要妻子回到他身邊，但他知道這是無聊的行為，因為妻子已經不愛自己了，這一切沒有意義。國王這時已進入回歸期。

既然妻子已不愛他，看來國王的愛情事件到此算是結束了，但這個事件的重要影響還在延續，且以一種酵素的角色仍作用著。

國王展開無目的的旅行，一路上他思索著人到底是無法擁有任何事物的，因為任何事物都沒有永恆，因此人只能不斷創造出事物來。而人也不可能永遠贏得他人的心的，因為心屬於他人所有，不是你能掌控的，眼前一刻你贏得那人的心，下一秒他有完全的自由離開你，因此你能做的只有在每一刻依順自己的情感，表達你的熱愛和忠誠，你不知道這換取來的回饋是否能維持到下一刻，只能珍惜每一瞬時的勝利，為之感到歡欣。而你能承受失去，不讓自己墮入憤怒和痛苦的深淵，因為你明白你對得起自己，而你無法要求別人。

國王在旅途中當然增加了許多見聞，而他把許多對於人生的體會與他所接觸的人和事佐證思考。你可以想見，這時國王進入了成熟期。

此時當初繼任王位的弟弟病逝，國王被請求回到他的王位，他感到有所猶豫，並未立刻做出決定。

然而無論如何，他明白他和當初放棄權位的自己已經完全不同了，做為國家的領導者，過去他是一個懷抱天真理想但卻不符實際的人，他有善念和熱情，卻耽溺在自己的世界裡，他不理解真實的生活，也不懂得從他人的角度來看世界，而他現在有了不同的眼光。

他得到消息，妻子離開那個男人了，事實上是那男人把農場賣掉跑掉了，如今妻子想要回到他身邊。他對她還有感情，但也不知道是不是要和她破鏡重圓。

現在他似乎又回到原點似的，要在兩件事中做選擇——王位和女人，他懷疑兩個選擇都不對。

然而轉念間他明白，剛好相反，他怎樣選擇都行，他有完全的自由，他是自己的主人，本來就是如此，任何人都應該是如此，重點是自己能不能接受自己的選擇，而他明白他有能力信任自己的選擇，無論他怎樣做，都不是繼續抱著某種心結的結果。

這個故事很戲劇化，將事件內的大分階段呈現得很鮮明，我常聽說一些人的遭遇非常傳奇，所有的小說家都感嘆真實世界的事件比小說更具有戲劇性，而現實中越是如此戲劇性、波折起伏的遭遇，其呈現的主題意圖越是可能捕捉的。然而更多單一事件是微小的，每天每天我們的生活都有事件在發生，不一定能明確地抓到它有何重大意義，但至少可以用階段性的眼光來推估它的發展與時間性。

我以這個故事為例，解說人生裡某一重大事件之經過內含的階段進程，你可以試著為自己人生裡曾發生的較鮮明的事件進行類似的分析，或者你正面臨某件對你而言重要、有影響力的事，不妨拆解一下此時進行到了什麼階段，並預測之後的發展可能。

第二部分 二十二個階段主題與經驗創造

本章介紹構成生命歷程的發展所依據的主題內容，這些主題做為生命歷程的階段構成，造就了生命經驗的發展邏輯；做為一個個體的一次生命之完整人世經驗的主題，則塑造了這個人獨特的生命意義；而做為生命歷程當中大分階段的主題，則影響了生命過程中促成自我改變、修正、提升的種種轉折。

要提醒的是，切勿只關注每個階段的主題可能引發的經驗，而應該深思的是此一經驗的意義、目的。尤其是當你想探索自己所經歷的事件、經驗究竟是屬於哪一個主題時，萬不可只跟事件的表面對應，而要思考事件所帶來的影響、啟發、延伸性。如果發生災難就認為是遭逢「死神」主題，遇到人際問題就認為這是在「戀人」主題上，那麼有極大的可能完全搞錯；也許你的災難根本是「戰車」的主題造成，你的人際關係問題是「節制」主題導致，必須找到這當中因果的脈絡。

再者，人們很容易把生命歷程的主題和經驗混淆，這兩者是完全不同層面的事，你經歷的事件，就算你一生中大部分的時光都籠罩在某種經驗裡，它都未必是主題。主題是生命歷程要展開的題目，經驗是為了這個題目展開的素材。

0 愚人

單純浪漫抑或不切實際？運用本質初心的考驗

做為機制階段的主題

因為「愚人」是最初始的狀態，這個狀態是原始的，不社會性的，因此做為經驗的階段性發展的主題，也就是說行經此一階段時，意味的都是原初的純粹性，一種未涉及分化的狀態。「自我」不可能一生下來就立刻發生世俗世界的社會化，而本質要分化必須要累積相當時間的生命經驗。

大凡生命的第一階段、大分階段進行的最初期、重大事件的開始，小至瑣碎的單一事物開始，都會經過這樣的狀態。這個階段你跟自己的連結勝過跟外在環境的連結，好比你剛進一所新學校、一個新工作環境，或開始一個計畫、跟一個人交往……你最初的感覺是很「自我」的，因為你還不明狀況，不可能立刻被那個狀況左右，就算那狀況影響你，你的反應都是本能的。

你回想剛喜歡一個人時，對這個人的印象，跟交往了很久以後對此人的感受，兩相比較，會覺得當初那個印象是很不可思議的脫離真實，像夢一樣，好像跟真正的這個人簡直不相干，因為那時你在「愚人」的階段，你的感受是「自我」世界裡的感受。

「愚人」階段帶有初始的、童真的味道，也就是不受世俗價值汙染的成分，好比說，與人相處上，自然、無心機、不世故地選擇朋友、和他人互動、無目的地展現單純的友好親善。這與進入價值探索期後的「戀人」階段不同，同樣與人良好的互動會變得出發點不同，後者是一種世故的發展、有自覺的結果。

「愚人」階段有自發性，因為它是來自內在的，要抓住它的自發敏銳度，同時充分運用它的開創力量（因為不受限於現實），做為機制階段的主題，它是很純粹的，因此應該利用這個階段享受其浪漫的愉悅感，其後的階段受到傾往現實的影響，以及開拓性的必須，而逐漸受衝擊，無法維持這種天真的愉悅。

而追溯自己在生命的「愚人」階段，以及每個大分階段、事件的初始時自己處在「愚人」狀態的感受、反應與之後階段的感受、反應做比較，可找到自己被外在世界的經驗所重塑的痕跡。

不過，有些人抱持著最原初的、純粹的本質是最好的，這樣想就又太偏執了，「自我」絕不可能停留在原點不動，而在前進的過程他一定要把外在遭遇的經驗吸納成為自己的一部分。

做為一次生命的主題

因為「愚人」的狀態較不社會性，或者說不被社會普遍的眼光、評價、思考邏輯干擾，因此呈現浪漫主義傾向，大家都覺得不可能並不影響他想要去試，大家都反對不會讓他不敢持相反的意見，大家一片叫好時他堅持秉持自己的良心。有時生命主題為「愚人」的人會有很強烈的這種執著，反而造成群體的困擾，好比說會議上大家都知道得考慮到現實的可行性的問題，但是他卻很堅持一些具有理想性但完全不著邊際的想法，絲毫不退讓。

生命主題為「愚人」的人可能從事、進行任何工作，他可能是救人濟世的醫生，他可能加入激進派的革命組織，他可以既是一個賣魚小販又認為自己是小提琴家，他可以既是清潔隊員又用廢棄物花二十年時間蓋一整座公園。

我們很容易從浪漫主義、理想主義、良知的勇氣……來詮釋「愚人」的性質，但很多時候它可能只是一種耽溺。「愚人」的行為與態度某方面看起來是很崇高、特立獨行的，但某方面看起來也可以說是幼稚，他的拒絕與社會普遍的看法同流有可能是因為他缺乏以他人的角度看事情的眼光，但他自己並不知道。

至於「愚人」的本質屬性傾向的其中一項特色是沉浸在自己的世界中，但這並不一定會使人顯得內向、與外在脫節，也有些人是很外向、在群體中非常活躍的，甚至是擔任群體活動的領導人。然而一個人可以積極地參與外在世界，和許多人接觸頻繁，卻仍然活在自己的想像世界中，也就是說，他對自己、對他人的態度、對世界的真貌有一種自己的想像，渾然不覺從別人的眼光看來其實是完全不同一回事。因此，「愚人」多半有一種「自我」戲劇化的特質。

「愚人」也可能讓人缺少在環境中踏實地、現實地置身其中的感覺。並不是說會恍神、會像是夢遊一般……雖然有一些人確實會如此，很難集中注意力在他正在做的事或置身的環境中，動輒沉浸在自己的內心世界，讓人覺得魂不守舍、失魂落魄，或者不專心、藐視人、冷淡；有些「愚人」的缺乏現實感不容易讓人直接觀察得出來，甚至他自己也不一定很清楚，「愚人」有可能在他參與的事務中顯得非常積極、投入，但事實上他並不在乎得失，「愚人」往往得失心並不重，他的本質很原始，是不社會化的。我在《神之手》裡介紹過內在「愚人」，他離世俗端最遙遠，因此呈現在人世的「愚人」的特質，多半很不具心計。

「愚人」在乎另一種得失——較為浪漫主義的。舉例來說，一個愚人特質的戰士會義無反顧地衝到第一個去殺敵，但與其說他不惜一切為了勝利，不如說他被自己這種壯烈的行止深深激奮著，他確實求勝，並且腦中吶喊著勝利的偉大——尤其是它還包含了正義的目的時（或者不一定是正義，總之是某個非常漂亮的，符合他的理想主義的，諸如光榮、尊嚴、勇氣……），但假使他並非「愚人」而是個有現實感的人，他比較會考慮更務實的態度和方法，或者更有心去瞭解全局，質疑自己的盲目。

「愚人」的這種不顧及（或說無意識）現實的屬性，使得他的自由度很大，但相對的挫折遭遇也會很多，有可能因此把他帶入較為內傾的狀態，而拒絕發展獨立性。

相反的，「愚人」的不顧及現實的屬性若朝外向拓展，有可能造成過分伸張自己的意志時完全無視他人的感覺，雖然無惡意卻嚴重傷害他人而渾然不覺得自己犯錯，甚至耽溺在自己孤獨的悲愴的戲劇性中。

良好、完整展開的「愚人」主題的生命歷程，是能充分運用「愚人」的熱情與自發衝動，以及「自我」滿足的勇氣，在這樣的狀態下可能呈現的生命經驗是諸如能欣悅而充滿好奇的嘗試轉換跑道，擴充生命經驗，總是躍躍欲試做各種嘗試，或喜歡身先士卒，往未知挑戰衝刺、或去衝撞不合理的制度、禁忌。當然這些過程不一定順利，也絕非必然美好收場，「愚人」容易流於盲目和「自我」耽溺，如不調節這種偏失，恐怕悲劇居多。

做為大分階段的主題

大分階段的主題是「愚人」，可能是要「自我」學習回過頭去觸探自己的本質，感受內在的衝動性，或者是「自我」的發展走到某種僵局，太受現實牽制，因此要從「愚人」的角度去突破、挖掘新的自由和可能。

好比說原本很務實的人，突然放棄原本的工作，跑到花蓮去開一間小咖啡廳；好比說原本有些食古不化、保守而按部就班的人，愛上作風相反的對象，宛如小學生般以很笨拙、單純但熱情而沒頭沒腦的方式戀愛；好比說一直依從周圍的人的意見去做事的人，突然拋開一切放手一搏。

這個過程並不一定帶來正面的結果，也就是說，並非經歷這樣的階段以後，當事人會感覺「愚人」這種心態和行為模式對自己而言是必要、必須、重大的，但卻會把「愚人」納入自己，日後有效運用這個經驗值。

外向開拓期和價值探索期是「自我」社會化的階段，如果在這些時期的主題是「愚人」，「自我」會與周遭的環境格格不入，但也不表示他的發展會不好，有些人反而因此保持了「愚人」的單純衝動、純粹力量，以及超然感。缺點是之後的大分階段可能面臨認知真實環境的更大衝突感，這要看他的整個生命歷程的主題是什麼，也有些人終其一生都無法社會化，然而這不表示他對這種不相容的痛苦毫無感受。

有知覺地利用自己在「愚人」主題下產生的超然於事外的特性，能讓自己脫開受現實牽絆之苦，不懂利用則可能僅僅變成無知、耽溺。

已經在外向開拓期、價值探索期將社會化發展得好的人，好比說在這兩個階段裡他的主題是「戀人」或「力量」，而他達成了這些主題完美和諧的發揮，如果他在價值實現期的主題是「愚人」，就不必擔心倒向「愚人」負面的方向偏失，而能有效運用他已吸納的對環境的掌握，以及人際關係的運用，輔助「愚人」過分天真的缺點。

1 魔術師

天生完美是好是壞？如何運用絕佳條件的考驗

做為機制階段的主題

「魔術師」也很靠近初始狀態，亦保有較不社會性的思維，並較能發揮、運用潛意識的能力。

在這個階段如果學習一樣事物，是憑靠本能進展最快速的時間，這就好像你會發現很多事你不必教嬰兒，他自然就不可思議地學會，並且表現得非常神奇。

假使你被現實的思考困住，就無法感受這種魔術般的力量。打個比方，正常狀況下你只能跳一公尺高，但被警察追的時候，你竟然可以跳上三公尺的牆（當然你會說這是腎上腺素的作用，但你也注意到一件事，腎上腺素並不總在發生作用），因為你被逼迫到理性已經沒有空間去考慮現實的侷限了，壓力讓你超過了那種認知束縛，而直接拿到內在力量。

重點是這超越現實侷限的力量的確實存在。

「魔術師」是能自然運用這種力量的狀態，雖然你沒有覺察到，但在生命歷程、每個大分階段、重大或微小的事件，也都會經歷這樣的階段，如果你沒有把握，或去注意，也許就這樣讓它流失了。

處在「魔術師」階段多半都不太有自覺，因為它跟「愚人」一樣有自發性，也一樣很原始。一旦過了這個階段，之後就會開始往受現實束縛的方向走，而逐漸失去這種能力，當然，那也是之後的階段必須的學習。

有些人很篤信現實中某種牢不可破的法則，或者人為環境中許多不可能改變的邏輯，因此在思考自己可能的做為、可能的發展時，直接就把這當作一堵牆，要麼迴避，要麼想迂迴或鑽牆的方法，但無法認定它不存在；然而「魔術師」的狀態是他根本看不見這堵牆。「魔術師」階段因為「自我」的單純，對現實的缺乏認知，他無意識這種阻礙，而他強大的直覺能力可以本能地運用內在力量，因此可輕易穿越這些障礙如入無人之境。一旦有一天睜開眼睛看見這個障礙，它就變得穿不過去了。

做為一次生命的主題

「魔術師」跟「愚人」的相似之處是一種天真的自以為是，可能發生的危機是，因為不太清楚自己的力量來自哪裡，因此難以建立信任。我打個比方，你是一位美貌的富家千金，因此受人喜愛，但你並不知道你受人喜愛的原因是你擁有的財富和容貌，或者你其實知道，但寧願相信事實並非如此。那麼你就很難找到方向去開拓你更大的能力，或不同的面向，你可能會有做這些嘗試的焦慮，但卻有更大的焦慮怕自己走錯方向或失去原有的東西。

生命主題是「魔術師」其生命經驗的背景有幾種可能，也許是天生的條件較佳，無論是環境或自身，也許成長、置身在一個較為優渥的家庭，有姣好的相貌、體格或才賦；也有可能是一種天生很強的吸引力，能召喚成事的資源和力量；另一種是很強的直覺能力，自然知曉將發生的事，準確預知趨勢，領悟事物的道理，或下意識就做出最有利、具前瞻性的決定，也能避免危險。

「魔術師」的生命主題能被給予極佳的外在優勢，但這個主題的重點卻是運用內在的優勢，如果兩者不能配合，就會失衡。大家總以為先天條件好的人、出生環境好的人、機運好的人占盡便宜，凸顯了生命的不公平，其實每個人都一樣，要透過生命歷程的完整階段去體會和學習擴展自己的方法，一樣會遭遇必須達成主題的挑戰。人世的好運對靈魂來說是沒意義的，它只在乎生命透過肉身歷程能得到的豐實和開展，以及宇宙動態的平衡秩序。

在「魔術師」的屬性下，跟「愚人」相近的是也會讓「自我」產生現實感不足，因為他可能會被浸入「魔術師」帶來的完滿力量的世界中，好比說一生都大致順遂的人、偶像明星、非常受群眾支持和喜愛的人、在某個精細的專業領域裡非常有成就的人、有極佳美貌的人等等，他可能始終陷在自己被環繞的這個光圈範圍內，而不清楚外在世界的真相。

生命主題為「魔術師」的人，往往有可能會在一生當中某個時期，經歷失去「魔術師」這種狀態的庇護，無法運用「魔術師」的能力，而得務實地去學習凡人應付世事的能力；或者是遭遇某種衝擊而迷失掉，不知如何用原有的優勢去應付；或者對「魔術師」狀態帶來的境遇產生厭惡感。

完整展開的「魔術師」主題的生命歷程，會在經歷不同方向的試探、提升後，更加能運用內在力量，有可能是更能靈活運用資源，有可能是融入更務實的感知後更能深刻觸探潛意識，有可能是發揮視野更全面的創意力，或不受現實條件所困地更自在地生活，若是從事學術研究的人，可能會有驚人的無可想像的突破進展。

但沒有成功展開主題的例子也非常多，一般人羨慕的機遇、條件反而勒死了他們。

我見過一位年輕女舞蹈家，她的成長過程十分順遂，很小年紀就知道自己的興趣是舞蹈，也充分展現這方面的天賦，一路學習過程都很完美，在舞蹈界的發展也很好，因為很早就曉得自己正確的方向，毫不遲疑地熱切而努力向前，對自己有高標準的要求，因此也比同年紀的女孩子更早得到成就。

很明顯的她充分運用了自己「魔術師」狀態的能力，我見過不少例子是內在給了「魔術師」的條件，當事人卻漫無頭緒，更糟的是只抓到了負面的部分，也就是妄自尊大、缺乏現實感，因為是「魔術師」狀態（雖然他自己不知道）所以認為外在理應給自己最好的機遇條件，但卻無意替「本我」做展開「自我」經驗的努力，這是最浪費的行為。

但前述這位女舞蹈家的案例，我相信不久之後她就會遇到生命給她的挑戰，我猜測會是情感上的。

另外值得一提的是，如果生命歷程的主題是「魔術師」，而他的屬性傾向又是偏重直覺力的人，其擁有的神奇精準的直覺是很不尋常的，這樣的直覺普通人有時也會發生，但不容易擴展它。這種預知和抽象卻準確的感知、洞察能力如果能運用在行銷、情報、打擊罪犯等等，恐怕很不得了，可惜的是「魔術師」屬性與現實感相違背，很難理想地用在這些層面上，意思是有這種「魔術師」屬性的人幾乎無法適任需要廣泛具體的務實認知能力的工作。

做為大分階段的主題

在大分階段裡主題是「魔術師」，有時發生在「自我」身上的遭遇簡直是不可思議的一帆風順，簡直像是「自我」再任性都沒關係似的，好比說不費吹灰之力就得到了極佳的機會，然後呢，對這種事別人都謹慎珍惜，他卻兩三下就嫌棄不要了，你正等著看他後悔，誰知下一個更好的機會又來了。

看起來很沒天理，為何他運氣就這樣好？然而大分階段的主題如此安排，總有其原因。「魔術師」主題的目的是讓「自我」感受內在力量與外在環境的呼應，讓「自我」能信任他和本我的合作。像是這樣一帆風順的情形，「自我」可自然而然地觸探自身的潛力，因為他不需消耗在其他有所阻礙的事物上，但反過來說，在此一階段他就無法發展應付阻礙的能力。

大分階段的主題是「魔術師」時，未必「自我」就一定可以逸待勞，「魔術師」只是帶來順風而已，而這順風在常人眼中原本是不可能發生的。我舉一個案例，這是我很喜歡舉的例子，此人他在專業工作上累積了十幾年傑出的資歷與成就，獲得這個行業裡很高的職位時，覺得這行業裡的某些弊習已經深到不可忍耐的程度，但沒有人敢把這個惡端掀開，公開挑戰質疑它，於是他在無法確定以卵擊石究竟能有多大用處但付出的代價可能很高昂，且沒有後路的情形下，毅然決然挺身而出。事實上這不是此人第一次做出這種看起來帶有愚勇色彩的行為，在此之前他就曾毫不猶豫放棄職位和年資來交換他認為較符合公義的事。

從這樣的角度來看，很像是「愚人」的主題，但當事人所採取的行動是有規劃和策略的，並非完全的愚勇，而這整個過程值得玩味的是出乎當事人預期的得到廣泛的支持，以及巧妙的天時地利人和。促使此人做出這樣的理想性行為的是一種內在衝動，確實是「愚人」的屬性，而他理性安排行事步驟，定下時程策略，充分運用資源，以求最大成效，則是信任內在而充分運用能力，進而召喚出機運的結果。

有些人的大分階段主題為「魔術師」，全發展在愛情上，也就是說戀愛無往不利，在這一階段當中他不一定有什麼感受，但這階段的經驗能提供日後某些反思。要注意通常人處在大分階段遭遇「魔術師」主題而在某些事上大為順暢、意氣風發、勢不可當時，都會錯以為從此就這麼一帆風順，這就是自己人生的常態了，但此一大分階段過去，有可能急轉直下，或者逐漸黯淡回歸平常。

2 女祭司

理不斷愛恨情仇？理性與情感平衡的考驗

「女祭司」的階段會將「自我」帶進思考的理性與感情的衝突平衡課題上。

無論是「愚人」、「魔術師」和「女祭司」，都是較具初始狀態的屬性，「女祭司」仍然保有較不社會性的思維，以及較能發揮、運用潛意識的能力，然而跟魔術師相比，她又往分化移動了一些。

做為機制階段的主題

此階段將「自我」引入外在世界較強的知覺的就是情感，情感仍然是自發性的、純粹的，可以說既能與外在世界連結但又最真實、單純反映內在組成的狀態。

好比說你看到一個人或一樣事物，喜歡或不喜歡是很直覺的，且沒有人能逼你喜歡或不喜歡，你可以被影響，你可以假裝，但感覺仍然是真實的，有就是有，沒有就是沒有，是怎樣的感覺就是怎樣的感覺。情緒更是真實的，高興或憤怒是被外在的情境、事物引發的，但這情緒是來自內在而非外在，並非是別人叫你高興、別人叫你憤怒你就能達到，別人煽動你，你必須真的被打動，那才叫做情感。

我有個朋友發生一個典型的「女祭司」遭遇。他是個研究物理的人，和大學的女同學結婚，當初是女生先向他示好，兩人並沒有發生什麼激烈的情感，覺得彼此算是適合的對象就結婚了。前幾年他到加拿大參加一個學術會議，認識一位來自歐洲的女學者，不幸對方對他一點意思也沒有，回來以後他覺得自己瘋狂愛上她。他說以前聽柯以敏的一首歌裡唱道：「我想你想你想你想得快瘋了，我想你想你想你想得快死了。」完全嗤之以鼻，心想怎會有如此廉價而虛假的膚淺歌詞，現在卻感嘆地說：「真是太寫實了！」他用一種物理學的精神去分析自己的情感，但解決不了他的痛苦，到後來他一本正經地跟我說：「物理學跟哲學果然是有相似之處。」

「女祭司」主題是考驗內在遭遇外在時設法做出平衡。物質世界的遭遇是不會衝擊到「本我」的（何況物質世界的遭遇本來就來自內在），它是導向終極和諧的平靜，因此「女祭司」主題就像水面被激起漣漪，而水的張力會使這表面趨向沉靜。這張力猶如內在的智慧，我在《神之手》提過，這是「女祭司」所象徵的事物的真理，「本我」全知的眼光。

但「自我」不一定有辦法達成平衡，很容易被外在拉著走，逐漸傾斜，這並不是壞事，因為往下繼續走的階段本來就是更通往社會性的分化，然而如果在「女祭司」階段沒有感受到利用內在的沉靜做出平衡的能力，之後「女祭司」有可能成為某個大分階段的主題，屆時理性與情感的衝擊會較為巨大，具有較高的挑戰性。

做為一次生命的主題

「女祭司」仍然有跟魔術師、愚人相似的內傾屬性，這裡說的內傾並非指人格特質是內向的，而是較受自己內在的狀態影響。如果生命主題是「女祭司」，有一種可能是畢生的心力都較關注在事物的本質上，但也如前述的「愚人」和「魔術師」類似，欠缺現實感，或者不關心，或不認為有本質那麼重要。也同樣有沉浸在自己世界的問題，可能發生自我感覺良好，但渾然不覺與外在世界的落差，如果你告訴他真相，他會完全不相信。舉例而言，一個人付出很大的心力去照顧周圍的人，一直覺得帶給別人莫大的溫暖和幫助，但其實別人深為壓力所苦，只是怕傷他的心而不敢表達，他幾乎不會主動發現。

另一種生命主題是「女祭司」的人可能發生的現象是較強烈的情感導向，也就是把自己的情感當作全部的真相，並且左右了他的生命經驗。好比說他認為自己是人見人愛的，就完全把這認知為真理般的事實，他認為某件事感動了他，那麼這件事絕對就是應該讓全宇宙都感動的理所當然。

很顯然這是失衡的，因此如何經由找到平衡的努力來展開生命經驗，就是「女祭司」主題帶來的考驗。

大部分生命主題是「女祭司」的人的確較為內向，但他們在某些層面上（或說某些時刻）也會很活躍，或者表現得性格強烈而衝動，這是他們的情感反應呈現優勢，壓倒了內在理性沉靜的時候。尤其是前述情感導向強烈的人，平時他們很受自己的感受性左右，因此容易不安，但被自信為強烈、真實的感情驅使時，會呈現非常強勢的作風，就好像聖女貞德可能平時是個沉著、安靜的女孩，但她被內在強烈的真理性的情感驅使時，變身為瘋狂的戰士。

也有一些生命主題是「女祭司」的人，其情感與理性的衝擊都發生得很內在，外表看不出來，某些致力於挖掘事物真理或從事研究的人，或凡事本就喜歡探究本質的人，你看不出他內心的激盪，但他可能處在長時間的情感衝突中，不一定是被可辨識的外在事件所激盪，有時是他對外在世界的意識整個動搖了原本的信念，他可能很努力地在做平衡的嘗試和探索，而不以外露的形式表現出來。

「女祭司」主題也多半讓人較為不世俗，即便投入世俗的活動，內心也不受世俗汙染。但也有一種可能是他完全不具在世俗攪和的能力，他的直覺力要不對於世俗的算計很遲鈍，要不就是他的直覺力讓他對世俗之事很敏感，以致於能本能地迴避。

我雖開玩笑說「女祭司」像古墓裡的小龍女，但小龍女也不是一輩子住在古墓的，她一定得進入人世的世界，她原本的屬性才能顯現出意義來。

「女祭司」當然可能捲入很世俗的情境中，且這往往是主題為「女祭司」的人會遭遇的挑戰，只是最常可能發生的情形是，在那個情境裡，周圍所有的人都發揮了世故的才能，展開一場大廝殺，只有她渾然不覺察，最妙的是她有一種本能會保護自己，說不定還讓周圍的人認為她是最精於算計的大內高手。會衝擊「女祭司」的不會是這些表面的世故鬥爭，這對她幾乎沒有影響和殺傷力，但她會有情感上特殊的感受力，對現實獨特的感受，奇怪的落差造成的痛苦和失落。

「女祭司」主題如果發展的不完全，無法達到成熟，會導致嚴重的憤世嫉俗和傷感、多疑，被迫害妄想，真實與想像無法釐清的現象。

生命主題為「女祭司」的人也可能成為諮商師，諮商師必須幫助人解決其失衡的問題，但是我見到許多想成為諮商師或者已經是諮商師的人，自己都沒有解決自己的平衡問題。生命歷程會走向成為諮商師的人，必然會遭逢這種內外衝擊的經驗，以學會洞察內在、解決失衡的途徑，這不是靠理論、教科書能學來的，自己沒有通過這個考驗，怎可能幫助別人解決問題。

做為大分階段的主題

大分階段裡主題是「女祭司」，目的是讓「自我」探索內在的平衡力，那是能使「自我」感受通往和諧的平靜的力量。

如果是一個世俗性很強的人，好比說他的生命主題是「惡魔」，卻在某個大分階段裡主題是「女祭司」，那麼他在這個階段可能會因某種情感上的衝擊，而產生真理性的追尋，好比說慟失寶貴的親人，或者某件事引發了很深的懊悔等等。

但在這樣的情形下，這個階段的主題為「女祭司」，並非要「自我」放棄對世俗的執著，但多少是鬆開對世俗過分集中的聚焦，讓「自我」能納進較全面而深刻的眼光。

在大分階段中主題會是「女祭司」，必然是生命歷程發展到這個階段的時刻，這是有必要、有幫助的，因此在這個階段中沒有完成階段主題，它會變個形貌出現到下一階段中，可能是更容易為「自我」所接納的，但卻會出現更有挑戰性的形式。好比說此一大分階段未完成的「女祭司」主題，到下一大分階段以「皇后」的主題出現。

好比說一個人過於剛愎自用，深信只要自己夠強勢，所有的事都理當在自己的意志之下達成，周圍的人都該配合自己，由於現實也真一直如此，他會這樣想是合情合理的。但是他在某個大分階段面臨了主題是「女祭司」，此時他會遭遇「自我」的意志沒辦法處理的事情，也就是涉及情感的部分。

可能發生在他自己身上，可能是他周遭的別人，因為情感是不能遭受控制的，好比說他以為可以用權勢、金錢要求他人遵照他的意思，但卻無法勉強他人的情感，這可能是一個愛情事件，也有可能是他人出於某種情感——好比說憤怒、或出於保護其重要的人或事物的情感，而和他唱反調，而他無力量左右。

這個衝擊會震動他，並且把他捲入其中，這是「女祭司」主題的特色，因為他得去做追求平衡的努力，而這努力的方法是要去挖掘事物本質的道理，是要從內而非從外的。

在內向本能期內所包含的「女祭司」階段沒有能經營好「女祭司」主題（或者說遺漏了去發展這一主題）的人，下一階段也有可能遭遇「女祭司」主題。好比說一個人在青春期初次陷入愛情，就發生很嚴重的不平衡狀態，這不平衡甚至影響了他後來的健全自我認知，那麼再次遭逢「女祭司」主題是很有必要的。

3

皇后

何謂貧窮何謂富裕？追求內在與外在豐富的考驗

做為機制階段的主題

「皇后」階段是內向本能期裡的成熟象徵，這個階段保有前三個階段對內在敏銳的知覺，但開始與現實連結，不似前三者有現實感缺乏的問題，相反的能有意識地將直覺帶進現實。

「皇后」自然也較社會性，但依然保有初始的氣息，是單純敦厚的。「皇后」象徵豐饒，其意義是把內在的豐饒帶到外在，也就是終極本我的能量注入物質世界的象徵。「女祭司」階段與外在連結後觸發的是情感的反應，也就是一種最真實、純粹的內心狀態反射，「皇后」更進一步，從抽象的情感加深到行為、思想，有意識、有知覺、有目的的製造出生命經驗來。

打個比方，你看見一朵花，辨識出它的顏色、形狀，你聞到它的香氣，你被激發了感動，你感受美，你有喜歡之情、喜悅之情，因此你有動作，你把它畫下來，或者你摘下它，或者你把你的感受轉述給別人聽，或結果你去買了一個印有花朵圖案的杯子……。「皇后」便是進入到做出行為的階段，它象徵了具體的創造性。

「皇后」階段的主題在豐富的創造性，這個階段帶來的有可能是兩極化的經驗，豐盛的或貧瘠的。豐盛的環境讓人體會豐盛的感受，而貧瘠的環境則讓人產生對豐盛的欲求，以及做出追求豐盛的努力。而這豐盛的形式很多，不一定是物質，也可能是美感的，或者知識的，或其他精神性的事物。

生命歷程的內向本能期大都在童年，依各人的整個生命主題或者此一大分階段的主題，在「皇后」這個階段提供適合的環境。舉例而言，我的孩提時代社會並不富裕，但是一個精神富足的年代，小康家庭的父母會省吃儉用，自己捨不得花，但讓小孩子學各種才藝，我就學過四種樂器還有繪畫、舞蹈，我父母並非希望我成為音樂天才，而是希望我擁有精神與藝術性富足的成長環境。我的確日後沒怎麼能運用以前學的這些，但卻大大助益了我對藝術的認知，對各種形式藝術的創作廣泛的理解。當時的科技與今日不能相比，玩具很少是電動的，也不精巧，小孩子可以自己拿一個沒有關節、手腳不能動的笨拙塑膠小人，興高采烈地玩一下午，他可以腦中創造一整個幻想世界，裡頭有各式各樣的外星人、怪獸、有超人、有機器人、有各種戰鬥飛機汽車，熱熱鬧鬧地展開大戰，裡頭有複雜的情節，有正反人物，他擁有一個很豐富的宇宙，而且充分享受了想像力、創造力帶來的樂趣。這都是很典型的「皇后」階段帶來的經驗。

做為一次生命的主題

「皇后」是大母原型，除了前述的豐饒與創造的象徵，還有仁慈、寬大、母性的意涵，若做為整個生命歷程的主題，也有可能著重在此。

主題是「女祭司」的人，有可能發生耽溺在自身情感膨脹的非現實世界，相較之下，「皇后」也有可能是情感豐富的，但卻具有同理心的發展，「女祭司」主題的人如果沒有掌握到平衡而發生傾斜，便會嚴重地被自憐淹沒，但「皇后」主題的人則是向外的，她可能過分哀憐他人。生命歷程是「女祭司」主題的人，有可能在某個大分階段的主題是「皇后」，以調整她的傾斜，在這個階段裡有可能會讓她突然發展出關於藝術創作的經驗，或者公益活動的經驗。

我認識一位女性是典型「皇后」屬性的人，她習於照顧別人，個性非常寬厚大方，在工作上很體恤下屬，照顧家人更是不遺餘力。問題是她很嚴重地蠟燭兩頭燃，且她把照顧他人、完成他人的心願、周到地為別人解決問題全放在她自己的生活之上了，我有時懷疑如果把為他人奉獻拿掉，她的生活還剩下什麼？

如果你的生活變得很侷限，那麼絕對就是你課題的進展卡住，出了錯。生活可以週而復始沒有變化，只要你仍能在每天同樣的生活中找到不同，仍然保有熱情，感覺新奇，沒有失去旺盛的生命力，那麼你的前進依舊是穩當的。但如果你的生活被相類似的事物重複占據，你感到疲憊、單調、死氣沉沉，感到受困，有窒息感，甚至開始病痛纏身，那麼你顯然偏離主題，且可能是連續幾個階段的主題發展都倒行逆施。

如果一個女性陷入這種生活的貧乏和迷失，就轉而把全副精力放在孩子身上，把這視為她全部人生的重心，也是很嚴重的偏頗，一個人絕不能把自己的價值完成、情感滿足、生命驅動力都放到他人身上去。「皇后」的主題有母性色彩，但若採取這樣的方式來呈現，是傾斜到錯誤的方向了。說到此，女性很容易將失掉生命活力的危機轉向到重心全傾壓到感情世界上。

「皇后」主題博大的創造力能在各種不同領域層面發展，由於它離開內向本能期不遠，因此也具有很好的直覺力，很適宜表現在藝術創造上。生命主題是內向本能期所包含的「愚人」或「魔術師」或「女祭司」或初步入外向開拓期的「皇后」的人，都有可能成為藝術家，差別是「愚人」的特色是理想主義，「魔術師」則可能創作出極大膽奇特創意的作品，「女祭司」則對藝術創作賦予豐富的感性或思考力，「皇后」則有出色的美感品味。

此外，如前述「皇后」主題帶來的環境有可能是貧困，因為豐饒是貧困的反面，但也是從貧困中創造出來的，換言之，有可能選擇了「皇后」當作整個生命歷程的主題的人，給自己設定了極為困苦的生活。反過來，也有可能生活在物質環境優渥富裕的環境，卻仍然保持嚴重的匱乏焦慮，也就是說，明明床底下有大把大把鈔票，還是覺得不夠，或者怕失去，因此更狂熱地賺更多錢，絲毫沒有滿足感，他的課題也仍是必須尋找出真正的豐富是什麼。

生命歷程的主題是「皇后」的人也有可能身為領導者，學習如何以仁愛、懷柔的方式博得民心，並帶來富裕的生活。

做為大分階段的主題

如果整個生命歷程的主題，或某機制階段或者前面的大分階段的主題發展有偏失，後面的大分階段主題可能有修正的功用，好比前述主題為「女祭司」時，如發生無法運用理性與內在知能來協助感情的平衡，而發生嚴重的盲目、負面傾斜，可能會設定大分階段的主題為「皇后」，將被感情蒙蔽（壓制了其他認知功能）的視野往外拉開，其實在大分階段上「皇后」的主題對於協助許多其他主題的發展很有助益。

有一個案例是，此人沒什麼專長或特別的專業能力，一直就是和人合夥做生意，進出口貿易或投資小型工廠，內容五花八門，文具、鞋子、食品加工、半導體、寵物飼料……但幾乎每一次都是賠錢，累積了一堆債務，他十分苦惱自己不專精任何事，想不出他還能做什麼來賺錢，他又是個好面子，喜歡強出頭的人，不願意去做受雇的底層的工作，或是當業務員什麼的。兩年前他遇到一位同鄉，這個人一直在從事蘭花的培育，他想起早逝的父親也愛養蘭花，這是他童年稀薄的記憶，於是他也跟著栽培蘭花……其實他每一樣生意都是這麼開始的，遇到熟人說可以牽線或者想出某個好點子，就沒頭沒腦地做起來。

但這次不太一樣，他發現自己對栽培蘭花有一份特別的情感，且出乎他自己所能想像的，他被蘭花的美感和色澤給迷住了，他可以出神地盯著它們很久，現在他對蘭花的知識非常在行。他開玩笑說，真應該早點發現自己這麼不俗氣的一面。

此人之前的生命經驗，看來似乎很有變化，他從事的每一樣生意都天差地遠，發生的問題也不盡然相同，面對的人也不一樣，但是儘管看來很豐富，卻只是一種表象，實際上很雷同，也反覆陷入類似的困境，而這樣再三的經驗把他消磨得喪失了最起碼的生活熱情。

如果我們只看表象，會以為他這機遇的安排不過是給他解決了一件生活的難題，多開一扇窗，但如果我們不能明悉「本我」的用意，就無法探測「本我」將帶來怎樣的生路，而完全不知如何運用起。在這個案例裡，栽培蘭花這件事不同於他過去變換了無數次的生意，本質上就有很大的不同，這是他的一個新的階段，「皇后」的主題引導他挖掘了他想都沒想過，從不曾認為自己擁有的特質：對美的追求，以及愛心、耐心，如果他過去曾經靜心往內在探索，他會發現這是他應充分運用的能力，也會發現這份潛能所能開啟的經驗過去曾經浮現過，他卻沒有注意。

有些人以為走投無路時向神求助，應該得到的是某些很實質的支援（諸如中樂透彩，天上掉下支票），但事實上終極的「本我」創造出來的經驗是要引導「自我」擴大，以他自己的潛能創造出他需要的東西，如果無法認知這一點，就會完全搞錯方向，非但無法領受這份禮物帶來的好處，反而陷入深淵。

另外，大分階段主題為「皇后」也可能在此階段獲得聲名。

4 皇帝

建立權力、伸張權力抑或屈服於權力？面對專制意志的考驗

做為機制階段的主題

皇帝階段在生命歷程中，意味獨立、脫離家庭，開拓自己的世界、自己的生活經驗，不僅是社會化，也是向外展示自己的意志、力量，就好像幼獸獨立闖天下，要建立自己的地盤。

不過因為青少年獨立的時間不一，有些人在學生時代就離家，有些人直到進入社會仍然抱著很強的依賴心，因此外向開拓期展開的時間因人而異。

皇帝一詞有獨裁的意涵，施行民主就不叫皇帝了，在內向本能期的階段，「自我」用一套內傾的方式看待世界，進入外向開拓期「自我」伸向外在世界，但尚未與外在同化，換言之，是以自我中心的姿態去接觸外在環境，也因未分化的緣故，不覺得有需要恐懼或屈服的

理由。

「皇帝」階段的主題包含了自我意志的覺察、展現和宣示，責任感、對權力的意識和追求（只要進入群體生活，就會意識到權力世界的階級差別），很顯然開拓期的現實感增強了，與內向本能期的耽溺傾向相較，外向開拓期是另一種形式的沉浸在自我世界，就是自我中心，認為自己的想法就是外在世界的規則。

「皇帝」階段的主題涉及強勢的意志，以及藉由這種意志來打造自己的世界，因此它可能引發的經驗包含了對自我意志的挑戰、質疑，責任感的考驗，權力爭奪的經驗，置身嚴明的制度中，與他人的關係出現控制或受控制的現象等等。

「皇帝」主題不一定是自我意志的伸展或自我版圖的開拓，也有可能是面對有強迫性的人或環境、制度的因應，這些經驗包括如何面對一個壓迫性的環境，如何面對一個強大控制欲的人，如何挑戰不自由的社會，如何伸張、爭取自己的權利等等。

做為一次生命的主題

一個人的性格看起來非常像是「皇帝」，並不表示他的生命歷程的主題就是「皇帝」，除非他的生命經驗中，探索權力意志就是他生命意義的重心，或者他全部的經驗都圍繞著權力意志這件事而展開。

好比說並非所有獨裁型的領導人其生命歷程的主題都是「皇帝」，如果一個企業家他始終熱中於拓展他的企業版圖，狂熱地擴大企業規模，併購其他公司，那麼「皇帝」就可能是他的主題，而在這個過程中也不一定他的擴張行為都是順利的，這過程所引發的所有糾紛、災難、困擾，帶來的成就、痛苦，都是他的主題，甚至中途會有多次讓他懷疑這麼做的意義，以及這真的是對的嗎？這是沒有答案的疑問。

生命歷程主題是「皇帝」，表示將遭逢代表「皇帝」意義的事物，它可能在你自己身上發展，也就是說你本身成為一個獨裁者，一個強勢的動輒要去壓制別人的人，一個控制全局的人；它也可能發生在你的環境，你成長在一個紀律很嚴明的家庭，且這對你發生重大的影響，或你生活在一個沒有自由的國家，或你處在一個被奴役的階級，這是你這一次生命必須面對的重大課題。

很顯然並非每個在極權下的人都會變成鬥士，因為每個人面對的方式不同，處理這個主題的態度不同，有些人選擇反抗，有些人消極，有些人會去協助加害者。

我認識一些青少年時期加入幫派的人，他們都說加入幫派的原因是不想受人欺負，他們有些人從此背後有了強大的力量後援，就覺得自己也變得很強，不再感到害怕，且尋求更大的勢力；有的人則從弱者變成強者後，變為再去欺凌比自己弱的人。也就是說，面對強凌弱的環境，他們因應的方式是去依附更強的團體，以及以暴制暴，認同弱肉強食。

令一種生命經驗是面對強大的壓迫環境，認為自己完全沒有選擇，只能屈就、妥協於被剝削、傷害、欺壓，這麼做都是以負面的態度面對主題，大多數的案例中，都不如受害者所想的毫無選擇和反抗能力，甚至許多家庭、婚姻暴力中的受害者，自己得負助長加害人的暴力行為的部分責任，因為他們執意相信自己無能為力，甚至認同加害者。少部分暴力環境中的受害者確實沒有任何保護自己與還擊、脫離的能力，這些人的主題可能不在自身能做多大的挑戰（他們的反抗永遠注定了不可能成功），但卻提供世界重要的省思，以及為改變這種現象鋪路。

將對他人的控制欲做為生命的重心，也是一種「皇帝」主題的可能呈現，有時「自我」並不一定覺察自己是如此，甚至不認為自己有控制欲望。很多女性在家庭中是這樣的角色，換言之，身為妻子和母親，她們並非「皇后」的展現，而是「皇帝」，她們有的可能掌控家中經濟，這並不一定意味她是家中經濟的支撐者，而是管理者，雖然賺錢的是丈夫，但薪水也歸她管。全家人的生活、孩子的教育等，都要以她的意見為依歸，她不一定作風很強勢，有可能她為家庭奉獻良多，付出全部心力，但如果所有事不在她掌控下，不以她的想法為準則，她會感到極端不滿、憤怒、受傷、被否定。這樣的人將控制與自身的價值、自己生命的充實、自己生活的意義劃上等號，也就是下意識的一定要將自己的意志貫徹在生活中所有的人事物上，他並不認知這為控制欲，但跟先前我曾提過的「女祭司」類似，「女祭司」如果把情感過度膨脹而擠壓了理性，便會錯誤地認定她的情感認知就是真實，「皇帝」也會錯誤認知他的意志就是真理，如果周遭的人不依循他，他會完全不能理解，且反應強烈，進而更不屈不撓地強行他的意志。

生命歷程的主題是「皇帝」的人，必須認知「皇帝」式的強行意志並非他的價值的全部，他必須把價值完成放在別的地方，而只把「皇帝」的行為模式當作途徑，有效而有力量的途徑，但同時也需要其他相反的特質來輔助。

至於生命主題是「皇帝」而遭遇受制於「皇帝」的生命經驗的人，也同樣要明白如果他以為這個受制的情境就是真理，也是錯誤的，他已經陷入眼光和理性被蒙蔽的狀態，深信他沒有力量改變。有些非常嚴峻而殘酷的環境，幾乎不可能反抗和脫身，可是始終有人奇蹟似的達成了，這是他們創造了不同的信念足以突破人世強硬且看似既定的邏輯的緣故。

做為大分階段的主題

大分階段中遭遇「皇帝」的主題，很有可能是要促使「自我」瞭解其擁有意志的自由及其力量，以及使用開拓性的態度來創造生命經驗。

舉個例子，有些被嬌寵慣的年輕人，突然進入一個嚴苛的環境，好比說一所嚴格的、規範很多的學校，遇到很強硬、嚴厲的老師，如果是舊時代，甚至是會使用恐怖的體罰的老師，或者在西方用恐怖成年禮考驗菜鳥的學校或社團，或是一間制度很嚴謹、要求很嚴酷的公司，好比說有些公司制訂了高業績要求，且每日的工作都要提出報告，底薪低而獎金條件嚴苛，作息出勤規範繁複而不可逾越，動輒扣薪水等等，這個階段的經驗能使人明白環境並不永遠都是輕鬆的，懶散、消極不足以應付，且自己究竟要拿出怎樣的態度來應對。很多人認為自己不可能適應專制的組織，輕易選擇離開，這當然是你的選擇自由，但你總會意識到這世界必然存在某種形式的壓制，它就是有著壓倒性的力量，而你一定得學著有一套屬於你自己的面對的態度。

以自由意志開拓生命經驗是「皇帝」主題最重要的目的。有一個案例是，當事人原本一直在人事很單純的環境中工作，因為人事簡單因此任何事不難達成目的，他也很有成就感，但某個機緣讓他投入另一個事業領域，且一下要領導一個人員非常複雜的團隊，他對這個領域的工作模式很陌生，且對於這樣規模的領導工作也並不熟練。他的個性是很強勢的，是那種一桌人吃飯就許他一個人說話，其他人都得安靜，並非他不讓別人發言，而是總是自然就變成這樣，無論走到哪裡，不知不覺就變成大家聽他發號施令，但他不喜歡群體工作，也對管理階層的事務沒有興趣，因此過去一直選擇單純的組織。

在這個階段裡他毫不害怕自己的欠缺經驗，但他覺悟到，要有很強的意志力去統御他人，他必須很清楚自己的目標，而且這目標必須是很個人的，集體的目標或者只是滿足大眾的價值觀無法說服他，而無法被說服就無法產生那樣大的意志能量。他覺得這段經驗讓他朝尋求自我實現的方向跨了一大步。

在愛情上遭遇「皇帝」的主題，有可能會發生不合理的控制欲且誤把此當作強烈的愛情，或者反過來，因為盲目而任憑對象宰制。

5 教皇

有價值的人才是老大？建立或臣服信念與價值國度的考驗

做為機制階段的主題

若「皇帝」意味征服，那麼「教皇」是意味統治，前者有如利用軍隊、槍砲、暴力開疆闢土，不服從的就殺害，所到之處都要納為自己的領域，後者則是進一步制訂道德律法和政策，因此「皇帝」的約束力必須靠他自己親身執行，但「教皇」卻建立了一個規範世界，在其中能自行運作秩序，這個規範會自動制裁不依從的人、違背他的條款的人。

因此，假設在經過「皇帝」階段時主題是要「自我」進入「皇帝」的角色，那麼「自我」可能面臨的是學習獨立、開創社會經驗、增強積極性等；而「教皇」階段的主題若是要「自我」進入「教皇」的角色，那麼「自我」可能會接觸到的是發展自身的影響力、能左右他人行為的能力等經驗。

要注意在前一章的「皇帝」階段也曾提到嚴明的制度，其中嚴苛的環境與制度指的就是「皇帝」本身，但「教皇」這個階段裡我們談的制度指的是由「教皇」建立的管理方法，前者有嚴明的、具高度掌控性的性質，後者著重在影響力和其運作性，後者很多時候也是有威脅性的，否則就無法發揮力量了。

在「教皇」的主題下，可能遭遇的是自我價值建立的考驗，意圖提高自己在他人心中的價值，而這價值是很實際的，能發揮實際功能的，好比說讓人覺得你很聰明是很空洞的，但讓人覺得你很聰明所以擅長投資，如果跟著你投資準會賺錢，這就是能打動別人的價值。「教皇」主題會讓人企圖建立這樣的有效價值，獲得他人的尊敬、依賴、喜愛、親近意圖和忠誠等。也有可能是相反，周圍出現象徵了「教皇」的人物，而「自我」是受其影響的人。這就好比在遭遇「皇帝」主題時，「自我」也可能是受壓制、迫害或控制的人。

但和「皇帝」主題不同的是，如果遭遇的是壓迫性的人或環境，「自我」要發展的是對抗、獨立、尋找自我定位等等，但「教皇」的強大影響力並非壓迫，因此「自我」要面臨的是獨立思考，追隨「教皇」的影響力未必不好，有時反而是有益的，「本我」藉由遭遇外界的「教皇」，把「自我」帶到一個新世界裡去，好比說你原本對打籃球毫無興趣，可遇到一個好教練，他引起了你對籃球莫大的狂熱，且給你最有用的訓練，使你從此走向成為一個優秀的籃球選手之路。

做為一次生命的主題

生命主題是「教皇」的人，會致力於建立自己在世俗世界中的價值份量，因此就會發生和普世的價值標準遭遇時，如何給自身找到穩固的位置，並且能夠讓自己從中凸顯。生命經驗的展開，往往建立在主題追求的目標遭逢衝突的事物、環境，因這衝突而激發出變化和創造力來。

舉個例子，某人懷抱著宏大的企圖和野心進入某行業，他自認自己的能力比這個領域裡任何人都優秀，而他有許多極佳的新穎想法，正是這個行業最需要的，然而他卻發現，這個領域裡根本沒人在乎這些，真正為人看重的是政商關係雄厚的背景，只有這才是有價值的。那麼，這個人該怎麼辦呢？要以他個人之力扭轉整個環境的價值標準，幾乎是不可能的事，但他依舊可以憑智慧、策略，創造出足以動搖部分人成見的成績，這也許不會改變整個環境的生態邏輯，但有助於確立他本身的價值，這價值是新的，不是依循這環境原有的標準。他也可能採取較長遠的計畫，先建立自己的政商關係，增強自己在這個環境裡舊有標準下的價值，以獲得更大的力量，在適當的時機製造出足以搖撼這環境的震盪。也有可能他在做了很多努力後只能承認他無法與固化的框架搏鬥，變成舊有機制的臣服者。

由於「教皇」的力量是屬於實質的，也就是在現實環境中有用的，因此追求這種價值的確立，往往在於自己能提供什麼有效資源，這使得有些「教皇」主題的人會專注於幫助別人，因為能提供幫助予人證明了自己的價值，且因之受到肯定、尊敬、崇拜，成為重要的人、有用處的人，到頭來連超乎自己能力的事也去做，違背心意的事也去做，或者提供了協助卻沒有換得對方對自己價值的肯定，便難以接受而感到憤恨，嚴重者甚至發生充滿懷疑的自我否定。

生命主題是「皇帝」或者「教皇」的人都有可能成為領導者，但追隨前者的人，其崇拜、信奉的是這個領導者本身，他的魅力、他的強大、他的恐嚇勢力、他的作風等，而後者的信徒依從的是他的理念。當然他也很可能有其個人的吸引力，但更重要的是他提出的信念，他行動的目標，他秉持的思想原則，被認同甚至強烈地尊奉。大部分的運動領袖生命主題都極可能是「教皇」，他們本身為了某種理念奮鬥，同時也必須帶動世人投入這個奮戰，他們在生命中的各個階段遭遇不同的主題，都是為了讓他們更能發展領導的力量、技巧、策略，伸張和強化自身理念的說服力、渲染力、正義性，考驗他是否能貫徹理念，以及確立自己行動的價值和意義。

至於生命主題是「教皇」的人也可能成為追隨者，他們藉由受感染、感動而興起熱切的奮鬥心，從而找到支撐自己發展生命經驗的動力，但要小心自己的追隨是否盲目，以及將重心放在憑藉外在事物上，終究有萬一失掉這個憑藉將萬劫不復的危險。

另有一種生命主題是「教皇」的人，追隨變成了他的主題，永遠都在追隨他人，他並不會因追隨的人令他失望而絕望，而是立刻轉向新目標，每次他都覺得被點燃了新的熱情，並且感到充實，人生有了方向，充滿活力。但其實這只是填補自己的價值空洞，因為自身的價值沒有建立起來，以致於一直用別人的信念來填充，這樣的人表面看起來很瞭解自己的需求而有自信，表現出很理解自己所信奉、追求的是什麼，事實上只是依從而已，因為真正的信從是必須經過質疑的，是要挑戰全然的否定。許多人接受某些宗教或道德觀，都不曾心存質疑、挑戰，用智慧去辯證，如果生命主題是「教皇」而成為依從者，那麼這個依從的身份也必須把質疑、挑戰、再定義也納為課題。

做為大分階段的主題

人世生活的開創動力來自於自我價值的創造，而在群體生活中，與他人關係的對峙互動就成了價值成形的關鍵，「教皇」的主題讓「自我」從人我關係中尋求自己的價值位置，如果在成長過程中，自我價值的認知發展不良，日後就很容易一路歪曲，「教皇」的主題會在某個大分階段中出現。

有一個案例是，此人在童年時的學校生活經驗很不愉快，被老師和同學認為程度過低，是拖累班級水平的害群之馬，從此他一直有這種恐懼，凡進到群體裡，都深恐被發現自己能力不足，是組織裡多餘的人物，他總是很努力去依附群體的價值觀，但永遠覺得自己不合格。當他進到某個單位工作時，因為他負責的事務很微妙地能提供某些人有用的幫助，講白了這是個有人會希望能跟他攀交情而換取某種特權方便的地方，而這使他感到更不安；每有人來找他幫忙，就更深化他認為自己不行，因為這唯一有人想向他示好的情況，也跟他本身的價值完全沒有關係。後來他換了工作，他沒有意識到這個新的工作是他真的可以用自己的力量幫助別人的地方，而在有人求助時斷然拒絕，他不但不再相信自己有這種能力，甚至不願意幫助別人。

在這個案例裡，他的生命歷程中的「教皇」階段發展成負面，而在日後他的某大分階段出現了「教皇」主題，為了促使他往正面去試探、開展，但他卻無法理解這個生命經驗的用意。

在愛情上，「教皇」的主題更是常見，愛情關係裡很容易發生將自我價值建立在對方身上的現象，當對方重視你的時候，你就感覺自己的價值成立，對方忽視你時，你的價值就被貶抑了，如果對方愛了別人，那更是自己的價值彷彿比那人低，分手的話，自己的價值就被帶走了。愛情關係中的這種情狀充分反映了「教皇」的主題，人的自我價值認知、尋求自我價值的滿足，和人與人之間如何彼此對待有著密切的關係，人難免以他人的肯定、關注、依賴和重視以及自身能帶給他人的影響來決定自己的價值，因為群體生活就是我們的生命經驗，但事實上無論他人肯定或否決，自己始終是同一個人，有著相同的價值，自我應當以自己行動本身的熱力、對世界的好奇與關懷來當作自己價值的核心。

6 戀人

我是我自己還是別人眼中的我？架構人我關係形式的考驗

做為機制階段的主題

人世生活是群體生活，不管你多孤獨，都不可能否決群體的存在，而群體是一個活的組織，是由人與人的互動方式形成的，這個互動是一直在發生且一直在改變當中，因此每個個體在其中的位置和存在價值也是變動的，個體會希求這個變動朝著某方向走，而創造出生活經驗。「皇帝」、「教皇」、「戀人」階段的主題都和此有直接關連，是意識與發展自身在他人之中的作用力，「皇帝」主題較與權力有關，「教皇」主題與實質性影響力有關，「戀人」主題則與溝通、和諧、理解有關。

內向本能期的階段「自我」較不具社會性，現實感不強，尚未有能力意識到他人世界和自我世界的差異，以及彼此碰撞的意義；外向開拓期「自我」開始擴大自己的經驗到他人的領域，但還是自我中心的意識，因此進入「戀人」階段就會產生新的衝擊，那就是必須設法學習站在他人的角度。

自我主體的觀念是以為自己所感知的就是真實，也就是說，我喝了這杯水覺得是什麼溫度、什麼味道、什麼口感，任何人喝了一定也是一樣，這是自然而然的推論，我討厭這個人、我認為這個東西很漂亮，那麼這個人一定就是不討人喜歡的，這個東西就沒話說是漂亮的；但「戀人」階段的主題會讓「自我」很驚訝地發現，事實並非如此，每個人的感知、反應都不相同，而更讓人困擾的是，你無法知道他人的感知，你必須透過他的言語、表情、動作，你必須自己努力去探索，你必須有理解的意願，否則你就不會知道。

「戀人」機制的主題還有一個用意是，讓「自我」建立客觀的對自己的認知，也就是透過他人的眼光。打個比方，我知道自己長什麼樣子，因為我照鏡子，我從鏡子裡看自己，認為我長得很美，但是我到學校去，發現有些同學總被人說漂亮，卻沒人這麼跟我說；我喜歡一個男生，他看都不看我一眼，而去追那個大家都說漂亮的女生，有一天我跟他告白，他卻說，我喜歡漂亮的女孩所以我不喜歡你，天啊！原來在別人眼中我並不美。這個過程反映的就是，「自我」進入群體後，他人的眼光、評價、反應就變成了鏡子，比家裡那面掛在牆上的鏡子還更真實，因為這面鏡子就是生活經驗的一部分。

而「自我」在這個過程還會意識到一件不可思議的事，我繼續拿方才這個舉例再解釋下去，本來你認為美就是美，醜就是醜，你的鼻子今天長這樣，明天還是這樣，除非你去整型，除非你把它摔斷了，它的樣子不會變。然而從他人這面活鏡子來看，情形卻非如此，你發現當人們喜歡你時，他們認為你是美的，且那並不是一種親和力的代名詞，而是他們真的認為你生得美。情人眼裡出西施也是這種作用，你喜歡上一個人時，覺得他帥透了，她美呆了，簡直是天仙，世上怎會有這麼好看的人，而且你是真的盯著他（她）的臉看，覺得超美的。

「戀人」階段的主題非常重要，它是使「自我」學習成熟地擴大對生命經驗的包容、好奇、投入並發展生命創造的基礎。

社會適應不良的人越來越多，這是值得重視的問題，很多人說「我就是沒有辦法」，甚至有些人竟然沾沾自喜說「我不願意跟人攀交情」、「我的個性就是沒興趣跟人親近」而把自己的不成熟視為「特立獨行」，如果你根本沒有意願理解和接納自己以外的人（這已經包含了極度的自我中心，與狹隘的認知和偏差地定義他人），就是活在一個非常沒有眼界的狹小世界裡，我不知道你拿這驕傲什麼。你不需要跟別人多熱絡，也沒必要多融入人群，但你要檢視自己是否活在象牙塔裡面陷入貧瘠和無知而毫不自覺，還以為自己什麼都曉得，甚至比別人高一等。

認定自己不適應社會而毫無意願改變的人，是卡在內傾的本能期裡，無法進到下一階段，迴避了生命重要的學習，並不是一件好事。

另有些人有先天的與他人連結的缺陷，好比說自閉症患者，我們稍後再談這樣的情形。

做為一次生命的主題

「戀人」主題的生命經驗會以人際關係為課題展開，若整個生命歷程的主題是「戀人」，有可能在成長環境或社會生活中處於一個被排斥、孤立、誤解的位置，好比說身為一個受人以敵意眼光看待的族裔，外來者，長久以來被誤解的族群，或者特殊的家庭背景等等。因此在他的生命歷程中，會一直為不被接受和瞭解而掙扎，也許自我懷疑，也許憤怒或受傷，也許會造成認同感的錯亂，但同時也必須做出努力，尋求被理解、接納的方法，並且體悟到自己也有客觀去理解別人的義務，就跟所有的生命歷程主題一樣，「自我」有自主權去選擇正面或負面的發展，「本我」其實不持任何是非評判，唯一的評判就是「自我」是否從這過程中學到擴大自己的視野，因包容而增廣自己，並得到拓展自身價值的力量，開創豐富的生命經驗。

我想在此值得一提的是，很多人在他的生命歷程主題下往負面的方向發展，仍然創造出很豐富的經驗，好比說越是陷溺於痛苦的經歷中創作力越勃發的藝術家，這仍是生命驚人的美與力量的展現，但世間沒有痛苦是不得不然的，選擇這樣的人生的人必須明白，這是他的「自我」的自由意志，雖然他自己可能不知道，會大聲反駁：我才不想要痛苦。

也有的人的生命歷程主題是「戀人」，使他一生不管是做任何事，問題的癥結都在人際關係上，他必須去探索自己是否明白他想跟他人建立怎樣的關係，他有多大的意願去認同和他的價值觀、行為模式、思考方向完全不同的人，以及他究竟想要讓別人認知他自己是個什麼樣的人，他如何建立一個能讓彼此舒適的互動模式。

生命主題是「戀人」的人也可能主要的生命經驗是扮演人與人之間溝通的橋樑，他天生有一種眼光能直覺地洞察他人相處時會發生問題的原因，而能從中緩和，讓雙方做到放開成見，進而彼此能建立對話、合作管道。或者他能嗅到他人彼此間的需要，直覺曉得誰跟誰適合一起合作，或怎樣能創造出彼此合作的誘因。這樣的人當然在擔任跟仲介、談判有關的工作會很有利。

溝通協調也是一件技巧性的工作，除了天生本能，也要從經驗中摸索，自己一定要先有客觀理解他人的興趣和意願。

我想再說一次，並非理解和溝通、與他人連結是生命的義務、是「自我」的責任、是「本我」認為這非得去做的好事，而是生命經驗的創造不是「自我」一個人操作的結果，而是與其他人合作的結果，這「合作」指的是相互遭遇而撞擊出共同經驗，因此人與人必須有交集，才能擴展生命經驗的空間。

然而有些人天生不具有和他人連結的能力，自閉症者並非他不願意、不習慣、不喜歡和他人溝通、分享，而是他生來發生這樣的功能缺憾，他可能根本就無法認知他人的情緒，這跟他有沒有意願去瞭解無關，這有點像我無法認知昆蟲的情緒，就算我再怎麼有意願、耐心和熱情與好奇，我都看不出兩隻螞蟻各是在笑還是哭。那麼為什麼會有這樣的情形呢？

這類的人選擇主題的方式很特別，他們把某個部分徹底封閉起來，以增長別的部分的經驗，這跟有些人選擇遭遇極端的環境——好比說極度的貧窮、暴力、災難等等有些相像，他們把某些發展的可能封鎖了，但卻也因此可以把能量聚集到別的地方。另一方面，他們的經驗能帶給他人影響，因為他們的境遇較為極端，足以造成對他人相當的省思與啟發性。

「戀人」主題之下的經驗，再也沒有比「愛」更強而有力的了，它能造就的連結性已經不需要我多說了。不過也有生命主題是「戀人」的人，一生都有愛的匱乏問題，而不斷狂熱地尋求被愛，這樣的人也是發生了盲目的狀態，他可能扭曲了愛的定義，並且犯了過度自我中心的毛病，他們會發生這種情形可能跟生命經驗中某些災難與創傷有關，但這並不表示他們沒有必要學著擴大自己的視野、脫離耽溺，以更客觀、成熟的角度來處理這個課題，因為這才是挽救他們自己的方法。

做為大分階段的主題

大分階段的主題是「戀人」，可能是在之前的階段這個主題沒有發展好，也許是呈負面，也許是因為「自我」集中注意力在其他層面，而這個主題的發展便太薄弱，也有可能是「自我」走到這個階段，「本我」認為必須就「戀人」這個主題來集中火力發展，將助益「自我」整個生命歷程的大主題更好的展開。

有些人在處理「戀人」這個主題的時候，陷入失去自我定位，也就是說錯把討好他人當作與他人連結的方法，更甚者，為了能和他人關係親善，而努力使自己成為會受他人歡迎的樣子，以及太過注重他人的感受，而壓抑了自己真正的感覺。這並不是真正的與他人連結、創造彼此真正的溝通、理解與和諧的方法，這是在表演、塑造一個假的「自我」，甚至在這個過程中連自己是什麼樣的人，自己究竟想做、不想做什麼，究竟喜歡、討厭什麼都不知道了。

雖說每個人都有面具人格，這本就是社會化的必然產物，但人生走到一個階段不好好尋找真實的自己，會無以招架之後階段的種種衝擊厄運，因為這些厄運在現實中發生的目的就是要讓「自我」去觸及被隱藏的自己。

有些人的大分階段遭遇「戀人」主題，並非學習正面性質地與他人接觸，而是相反，以一種負面的形式，像是爭端、衝突、挑釁、惡鬥等，甚至引發暴力、傷害、官司等，但無論正面與反面，其意義是相同的。

7 戰車

享受生命就是活在當下?!追求感官實質生活冒險的考驗

做為機制階段的主題

肉體生命是架構在物質世界中，有實質的肉體，感知實質的事物，因此人世生活包含了精神層面，更重要的是感官層面，前面提到的幾個階段重點都放在一些抽象的價值上，但不能忽略就算是抽象的價值也立基在具體的感知上，好比說美雖是抽象的，但也是先源自我們看見、聽見、碰觸到事物；我們和他人發生關連，他人是活生生的具像的東西；我們生活所依賴的事物大都是具像的，我們的世界是由具體實質的事物組成。

人世生活的經驗要開展，必須要有動力，內向本能期的動力來自內在，外向開拓期則獨立、展示自己的力量，接著進一步尋求外在的認可、價值確立，到了「戰車」階段，就開始探索肉身生命在物質世界的樂趣了，是建立在具體感知、真實的生活本身帶來的吸引力、成就感，因此這個階段比之前的階段更有冒險精神。

正因如此，「戰車」階段的主題所帶來的經驗是較為陽性氣質的，也就是說，不是情感的、敏感的、直覺的、精神性的、靜態或內向的，而是具體的、充滿立即性的、向外的、積極的、感官取向的。

舉個例子，我有個朋友出外旅行，不太喜歡先作計畫，總是直接就出發了，從不會因為先查資料、想東想西，評斷這樣好那樣不好，這樣的話行不通，那樣的話有困難，這得先準備什麼，那萬一少了什麼可不行……他認為這種紙上談兵是毫無意義的，旅行就是要直接去接觸你遇到的所有事物，面對那些事物去反應，才是旅行的內容。

這就是典型的感官式的碰觸生活經驗，沒有思想先於行動，更不可能因為理性思想而扼殺了行動，而情緒、感覺都是在行動（以及感官認知）之後，你真的到了那個地方，看到了、聽到了、嗅到了、觸到了，你要真的遭遇到了，你才會有真實的感覺。

「戰車」階段的主題就是要建立在這種真實的開拓之上，「自我」的欲望、滿足、目標、動力都是具體的，生活經驗是具體的，且豐富、昂揚、生氣蓬勃。

「戰車」階段的主題同時包含了樂觀、積極、建設性，但也往往發生衝動、不顧後果、缺乏理性制約、漫無方向地東奔西跑這樣的情形。

「戰車」主題與理性、敏感是相衝突的，但這也是「戰車」主題的特色，這樣壓制了理性與敏感的狀態能創造出更具爆發力的生命經驗。

做為一次生命的主題

生命歷程主題是「戰車」，典型的形象是冒險家，我認識一些有這種屬性的人，總喜歡生活中一直有新的刺激，或嘗試有危險的運動，好比說熱中於賽車的人，他們不見得是想奪得最佳名次，而是為了享受賽車的快感。

但如我之前強調過的，一個人的性格特質與他的生命經驗主題是兩件事，可能剛好雷同，但並不劃上等號。有些人的生命主題是「戰車」，但個性卻是沉靜低調型的，不過他們在感到莫大的滿足而自豪時，也會露出有如青少年般志得意滿的一面。

生命主題是「戰車」的人有較強的行動力，因為他們的主題是擴展型的生命經驗，當然他們就不會凡事先思慮再三、質問自己為何要這樣做，或還沒做之前先憂慮個老半天，他們多半會沒理由地樂天，如果他要做一件事，明明可以採取較為保守的方式（但就沒那麼好玩了），他偏要選擇大膽而看起來不太妙的方法，你問他：「選擇這麼做不是很冒險嗎？萬一失敗怎麼辦？」他會很納悶為何要覺得自己會失敗而回答：「不失敗不就好了？」由於行事的過程他太專注於那過程中的每個感覺，已經無暇去掛心成功才是目的，這使得失敗對這種人衝擊沒有那麼大，也不會造成他視為教訓而下次變得比較謹慎保守。

生命歷程的主題是「戰車」並非就會讓「自我」樂天無腦，只不過是另一種作風和價值觀罷了。有些生命主題是「戰車」的人個性很務實，好比說某些企業家，他們並不是把事業當作玩樂，他們工作專注而有高度的專業素養，但卻經常以有如豪賭般的行徑來做生意，看起來事先經過了審慎的評估與衡量，其實做出決定的關鍵是本身的冒險性格，有時錯誤的決定一夕之間便可能喪失所有，他們卻不膽怯。不幸的是這樣豪賭式的行為假使依據的不是完全的理性，那麼便要有很強的第六感，但「戰車」主題的人注定了缺少這種直覺，因為他是向外的，不似本能期主題的「愚人」、「魔術師」、「女祭司」是向內的，與本我有較高潛意識的觸探而具有卓越直覺力。

有些生命主題是「戰車」的人，其生命經驗的重點不在「戰車」的正面性如建設性、創造性上，而集中在負面性的如過分衝動、不顧後果，這種人會一直給周圍的人帶來災難，且總要有人在後頭給他收拾殘局。因為嚴謹的思考性較弱，「戰車」主題的人有時會缺乏責任感，其實並非他們不負責任，而是他們沒有意識到，如果他能理解的話不見得是不負責任的人，可惜他不能理解。因為缺乏這種意識，也使得有些「戰車」主題的人能高度活躍地不斷變換他從事的工作、生活環境、生活方式。縱使如前述他們非常樂觀地總覺得自己不會失敗，但往往失敗的比例不低，但又因為這並不會使他們一蹶不振，他們能隨即做新的嘗試，又是充滿鬥志和希望的新的開始，對他們來說這是很理所當然的事，但有時卻令周圍親近的人很頭痛。

生命歷程主題是「戰車」的人，較難專注在單一的目標上，但如果他們能把他們的積極、樂觀、豐富的體驗感知能力放在清楚的目標上，他們能創造出很有建設性的事物，也能有高度的成就。然而很多主題是「戰車」的人卻目標散亂，不曉得自己真正想做什麼，或者明明在做這個，卻又覺得那個也很好，這次做了這個，明明可以繼續發展，下次卻又跑去做毫不相干的事，沒有方向的東奔西跑，雖然常常洋洋得意地炫耀自己的豐功偉績，但若詳細探究就會發現他沒有真正累積了什麼。

因此主題是「戰車」的人必須意識到自己的經驗就是自己的財富，要能充分利用，如果無法有集中的目標，也要能意識到自己涉入的不同領域間彼此間的關連，否則只是把自己的生命給揮霍掉了。因為即使「戰車」主題的人喜好享受生命經驗本身，但到了某個階段還是會把這種天真的滿足耗損消磨，開始為空洞的自我價值感到焦慮。

主題是「戰車」的人有時會有放縱的毛病，要注意這樣的問題是否造成健康上的傷害。

附帶一提的是，有些生命主題是「戰車」的人，其生命經驗的展開和性的關連密切，也許是特別強的性慾，或頻繁的或特殊的性關係，對性的感知、需求較常人高，性行為可能是他生活的靈感、重心、動力泉源，他的思慮常都繞著這個主題轉。

做為大分階段的主題

如果一直以來因思慮過深、過於謹慎或內縮以致於缺乏行動力，使生活逐漸狹隘，開創性喪失，那麼就可能在大分階段遭遇「戰車」的主題。也許是突如其來的狀況改變了生活環境，也許是周遭出現許多以前沒有的誘人機會，也許是刺激自己改變生活態度的人出現了。有個案例是個性保守、缺乏自信，在組織裡腳踏實地工作了非常多年，卻不怎麼受重視的人，因各種意外條件撮合，竟然升上高階主管，從此應酬狂增，出入聲色場所，女業務員投懷送抱，女客戶頻拋媚眼，整個人從外型、談吐、行事原則、價值觀都驟然大變。

要注意的是，大分階段的「戰車」主題有時是創造出令人欣喜的生命經驗，擴大而豐富了感知，讓「自我」有了不同的成就感，但也有可能是衝擊和災難——當然它的刺激性也有相當的意義。

理性和思慮過強的人，或極端保守的人，要衝破這個鐵鎖並不容易，因此不是鬆開一點點理性就好了，而是需要把理性整個封印起來，導致有可能會發生莫名其妙地整個喪失原有的思考能力，連基本的判斷力、常識認知都一併消失了。這樣的情形經常以違背常理的愛情事件的經驗形式出現。

前面說到「戰車」主題可能聚焦在性這個主題上，有些人有異常活躍的性幻想，且性幻想的內容非常豐富、大膽、離奇而有創意，甚至對性的幻想是他重要的靈感來源，但實際的生活卻完全相反，這樣的人的生命歷程主題並非「戰車」，因為他不具行動力，但他有可能在某個大分階段中主題出現「戰車」，這會使他在生命裡某段時光突然變得狂放大膽，出現乖張的性行為，一反之前的行為態度。

大分階段的主題是「戰車」可能使人在性格與行為模式上有了擴展，此一階段結束，「自我」回到原來的軌道後當然是有所不同的，但不是失掉了原本的自己。也有些人會因為落差太大，無法立刻調和這個階段的經驗，而產生迷惑和混亂。此時下一個大分階段的主題有可能是「節制」。

8 力量

馴服獅子、殺死獅子抑或被獅子吞食？駕馭外在環境的考驗

做為機制階段的主題

生命歷程從自我中心進展到向世俗同化，此時已是用完全人世的角度來看待、處理事物，「力量」指的是對自己以外的人事物的操控。這是什麼意思呢？我在《神之手》中強調外在事物、遭遇、經驗都是內在所創造，這是全我的觀點，但若以人世的眼光，侷限在人世的感知，那麼「自我」有他自己在物質世界裡行事的邏輯。換言之，對外在人事物的操控可由兩個層面來看，一是由內在，一是由外在。打個比方，如果你信任心念，並嘗試過運用心念，你知道它是有用的，現在你有個鄰居每天在晚上開轟趴，因為他很凶惡，你不敢去按他的門鈴叫他收斂一點，只好跟上帝禱告，請祂幫忙，結果你的心念發生作用了，原來這鄰居是個通緝犯，他被警察逮捕了！這是運用內在「力量」。如果你從來就不相信什麼念力、吸

引力法則，對宗教信仰嗤之以鼻，所以你打電話報警，說你懷疑他們在轟趴中使用毒品，於是警察跑來把這些人逮捕了。這是運用人世世界裡的邏輯和法則來行事。

「力量」階段的主題所說的「力量」，指的就是這種現實世界裡操控自身以外的人事物的能力、方法、做為。雖然「自我」在運用「力量」時，其實總是也運用了內在的「力量」，但「自我」並不知道。然而，即使如此，「力量」的主題是一很好的象徵：外在所有事物的作用，是各種力的總和達成一種平衡，不論從內在的角度或從人世的眼光來看都是如此。

人世生活的展開，在「力量」階段之前，自我中心的味道很濃，直到「力量」階段則會意識到必須處理認為外在事物應當如自己的意，以及「自我」根本無法掌控這之間的落差。「自我」會存有一種想法，凡事應該符合自己期待，好比說，覺得自己很有才能，就應該被重用嘛，就應該大紅大紫嘛，別人就該承認我比較有才能嘛！我應該找得到工作才對，沒有的話這社會是有問題的，不應該如此，這不合理，不公義；這個人不應該惹我，他怎麼可以這樣做？這是不對的嘛！他自己應該知道。因此生活裡充滿了種種「不應該」，「自我」並不會接受這些（如果接受的話就意味認同這些是合理的、應該的事了），問題是，不接受的話你就只有一條路，去改變它。

「力量」階段的主題是認知這種現象，藉由企圖改變而尋求方法、學習和實踐，發展出生命經驗。尤其重要的是，因為外在世界不符合自己期待，而必須在現世中採取實際的動作去要求外在的人事物符合自己需求時，「自我」必然會發現強行的無效——他人沒有必要聽從你，環境不被你所操控，現實永遠超出你的算計範圍——因此招來挫敗、打擊、無所適從，這些經驗會帶領「自我」學會表象之外的思考、比強行更有效的力量、智慧與感情的影響力、迂迴與精神性的強大等等，以及求取自身和外在平衡狀態的重要。

舉個例子，你喜歡上某人，必然要對方喜歡你，否則戀愛不就不成立了嗎？因此你喜歡某人，想跟對方在一起，就會展開示好、追求。假使對方對你沒意思，你就得想辦法做出能打動對方的表現，在這個過程裡，其實你的內心始終認為對方應該也會喜歡你的，否則你又何必做這樣的事？但你永遠不可能操控對方的心意，因此戀愛也永遠不可能是靜止的，你必須從中不斷學習互動的對峙平衡。凡是你自己以外的事，都是充滿不可知的，都具有挑戰性，假使我愛上布萊德彼特，我立刻有一種魔法讓他拋棄安潔莉娜裘莉來迷上我，那麼戀愛這件事就變得一點意義都沒有了。

當我們渴望某事，而那是我們無法掌控的，出於強烈的渴望，我們都會希望能強行讓這件事符合我們的心意，但越是如此，越會發現我們相信行得通的做法往往最行不通，這其中的挑戰無窮，涉及了人世生活種種複雜的邏輯，連帶造就了多變的生命經驗。

做為一次生命的主題

生命歷程主題是「力量」的人，可能會一再面臨處在面對無法掌控的事物的遭遇或環境，好比說生活在自然災害嚴重的地方而又無法離開，你必須想辦法去解決這難題，你若非得一直跟它並存，就得找出並存的方法，你很可能無法消滅掉這個環境的威脅，因為那是它的本質，但你得找到對峙的能力。

也有些人的生命歷程主題是「力量」，他要處裡的是他自身的態度，他必須學會控制自己的「力量」與環境（人事物）間的平衡。他也可能對「力量」有一種錯誤的認知，他的生命經驗會讓他一直摸索真正有效的「力量」。

「力量」主題運用在管理上是最顯而易見的，我在《神之手》中提過「力量」好比馴獸師，馴獸師面對能傷人甚至吃人的野獸，要避免自己受傷害的方法，可不是殺了野獸，而是得運用技巧馴服牠；馴獸師不是獵人，不是要把野獸殺來吃的，而是要讓野獸聽命，做出他指揮的動作。

在管理這門學問上，道理很類似，你不是要抹煞了為你做事的人的個性和能力，而是找到方法能運用其為你效力，他並沒有被你所改變，因此這情形不可能永遠固化的，今天他臣服於你，明天他依舊可以反抗，你必須持續進行這種共存對峙，維持對雙方有益的平衡狀態。生命主題是「力量」的人有可能成為政治家、企業家或其他領導者，其面對的就是這樣的學問。

有些人的生命主題是「力量」，但他並非成為領導者，或在組織裡成事，而是藉由操縱人心來達成自己的目標或願望，他可能天生懂得這種技巧，或他有這樣的敏銳度從生活經驗領悟和學習，以致於能有效運用。那些看起來霸氣威猛的人不見得具有真正的「力量」，反而看起來很平凡的人可能非常懂得善用「力量」，這些真正懂得善用「力量」操作人事物的人，常成為握有重大資源的幕後黑手。

善用「力量」是以力制力，正確地說是讓各種力達成平衡，而消弭掉威脅性，進一步反而能加以使用。舉一個例子，某人的工作是替人籌募資金，他常遇到委託人自認為自己的計畫具有高度的附加價值，能給出資者帶來莫大的好處，並動輒說這種數目對有錢人來說是九牛一毛，丟出來眼睛都不會眨一下，看不出來對方有什麼理由不答應。這種想法是無可救藥的本位主義，人常犯的毛病就是理所當然地覺得別人應該怎麼想，這是可怕的無知。而這位替人籌募資金的人發現，本以為務實的誘因較有吸引力、說服力，結果卻出人意外，對方的「感覺」很重要，換言之，常常遠不如動之以情，但要找到能打動對方情緒的點，並不容易，得花心力進行深入的瞭解。而單一的因素常是不夠的，如能找到兩項以上有巧妙吸引力的因素（有時這因素非常奇特得出乎想像），就能得到美滿的結果。

由於「力量」的主題是體驗一種共存且相互為用的角力，周遭所有的事物都為各種不同形式的力交互作用的結果，因此必須學習找出各種力的平衡，且這平衡是動態的，因為力量也是動態的。既然這主題跟平衡有關，那麼它伴隨的經驗也往往跟失衡有關，學習巧妙的運用「力量」來操作外在事物，常是從失衡的錯誤中學教訓。

做為大分階段的主題

有個朋友很長一段時間處於諸事不順，且逐漸無法承受工作環境中的敵意，同時對自己在工作上的付出得不到合理評價感到嚴重地沮喪，認為世人的水平太低，根本無法接受他不俗的想法，而感到對生活意興闌珊。他全然不認為自己有辦法去左右他人，對外在感到無力，這樣的想法逐漸為外在力量所吞噬，簡單地說，就有如馴獸獅被獅子吃掉。

人們認為外在的人事物是不可掌控的，但同時又很不可思議地認為外在的人事物應該符合自己的期待，否則就感到不悅不滿，這是很矛盾的想法，但接受自己對外在環境是完全無力的現實，或者強制要外在環境符合自己的認可，兩者都是偏差，很可能在大分階段遇到「力量」的主題。

有一個案例是，一個成長過程很順利，在學校裡永遠拿第一名，始終是眾人追求對象的女生，愛上身份背景很懸殊的男生，因為習慣了所有的事都該如她的意，因此她理所當然要求男生任何事情都照她的指揮和計畫來做，男生一開始勉強接受，但到了後來忍無可忍，拂袖而去。女生不認為自己有任何做錯的地方，且認為自己在兩人的關係中根本一直是付出較多的一方，演變成這樣的結果，她認定男生必然是有某種心理缺陷的問題。

這個案例所面對的並非只是「感情是無法勉強的」，她同時必須要意識到自己在面對這種非一己掌控的事物時，一味抱著「他怎麼可以如此？」的心態是毫無意義的。雖然為了挽回關係她願意放低姿態，但仍始終抱著「他這麼差勁，我還願意配合，明明就是他不對，我為這段感情是多麼犧牲！」的心情；但事實上你如果問那個男生，他將毫不猶豫回答在兩人關係裡他受盡屈辱，簡直一分鐘都難以忍受，從不曾感到值得過。

大分階段中的「力量」主題能使「自我」摸索如何使用「力量」去對應不可掌握的外在

人事物，而在這之前第一個該學的是放下嚴重而盲目的自我中心，如此才有可能擁有能和外在事物平衡對應的「力量」。不只是對人，對事也是如此，如果想要事情朝自己所欲的方向發展，但一開始設想的方向就是錯誤的，那麼使不上「力量」也不足為奇。談到「力量」人們想到的就是越大的「力量」越好，但「力量」應當是有效的、能造成正面發展、能平衡運作的才是優勢。

9 隱士

沉潛還是逃避現實？尋找自我實現方向的考驗

做為機制階段的主題

生命歷程的進行從內向的本能往融入外在現實發展，「自我」的認知逐漸集中在具體事物的感知，並放在社會價值的框架，原本對內在本能的依從與對直覺的信任會被忽視或者壓制，以致於某些時候在面對這個部分時變得有不真確的感覺。「自我」往往不再會想到去質問自己的本質是什麼，或者這東西到底存在不存在，有部分人會思索這個問題（這往往因為他們的生命歷程主題本就與這類思索有些關係），但一樣會有困惑，本質存在嗎？人生下來就有本質嗎？

「隱士」階段的主題和自我觸探有關，因為生命歷程走到此接近一半，將要進入蛻變的下半場，接下來的階段「自我」要開始確立自己的發展方向，找到價值實現的道路，否則就好像結不了蛹變不了蝴蝶的毛蟲。而這重新摸索方向的探索，必須在考量現實的同時，也觸探內在的本質。

前面提過內向本能期時缺乏現實感，進入外向開拓期則變得相反，打個比方，人類曾以為太陽是繞著地球轉的，這很合理，因為從人類的「自我」看出去明顯就是這樣，但人類後來發現非但太陽沒有繞著地球轉，反而地球是繞著太陽轉的，這是客觀的事實，自從發現有客觀的事實以後，自我中心的宇宙觀就行不通了，因此宇宙所有的事物都只能用客觀事實的角度來檢視。然而接下來人們就發現，抱著以絕對的真實為標準反而是大有問題的，因為事物的樣貌是相對真實的產物。換言之，單持正與反兩邊的絕對都不可行，必須同時往返於兩邊。

同理，人的生命歷程在學會以現實的、具體的、外在公認的價值天平為標準之後，便失掉或者壓制了本質的、本能的感受，難以回到不曾受這些外在因素滲透時的原始狀態。當「自我」大部分推斷事物、決定事物、思考事物的依據都是具體、現實的，都有著一個邏輯框架、都在一個公定的價值觀體系下運轉，「自我」肯定會逐漸疲乏，感到這一切很空洞，或失去真正的自己的感覺，產生背離的欲望。另一種可能是，「自我」無條件相信這個符合外在價值標準、外在期待的路線是最好、最正確的，且一心朝這個方向邁進，但換來的是與成功的自我實現越來越遙遠，因為那方向與本質背道而馳，或那是「自我」不加思索的產物，不可能帶來成功的結果。

「隱士」二字聽起來好像這階段的主題是隱居、脫離世俗，其實相反，正因為「自我」會產生對現實的背離欲望是理所當然的，因此處理這樣的狀態，如何找到能熱切前行的動力和方向，才是「隱士」的主題。而這動力和方向需要的智慧是直覺與現實化的平衡。

「自我」本身也必須有「尋找」的意識，當我說人必須要去找出最精確地符合自己內在信念的價值實現方向時，有人曾反駁說，生命是過程，不是結果，生命本來就是一個尋找的歷程。這說法是不正確的，生命確實是過程，但它是一個創造的過程，探索包含在這創造的過程裡，但終其一生都在盲目尋找方向，總是無法確定自己做對了還是做錯了，到手的東西覺得不是想要的，想要的又不知是什麼，很容易陷入怨天尤人，抱怨時不我予，生命經驗不可能理想發揮。

做為一次生命的主題

生命歷程的主題是「隱士」的人，或有可能一生關注、追求的課題是探索一種超然的思想、生活，但要注意「隱士」這個主題的位置是在生命歷程的階段中，是處於世俗中（而非靠近「本我」一端），因此他是在世俗的信念框架內，換言之，他是從世俗的角度做思考的原點，他的思考或做為是希望能對世人有益的，他省思世俗生活的問題、錯誤，正是為了有助於過世俗生活的人。假使一個人鍾情、致力的是超越性的思想，但已經完全脫開世俗邏輯範疇，無視世俗好壞對錯的標準，那麼他的主題可能是「魔術師」，並非「隱士」。

但「隱士」的主題是跟超越現狀的、表象的自已有關的，因此它其實是觸探更深入的「自我」的經驗，是與面對直覺的經驗，因此這個主題也可能是宗教性的、神祕性的。生命歷程主題是「隱士」的人也有可能成為神職人員、宗教的賢達、引導眾人者，或通靈者。

生命主題是「隱士」而成為宗教上的導師、長老或是通靈者的人，雖然因其本質屬性傾向，可能有較優秀的直覺感悟能力，但他們仍是以人世生活為框架，仍是放在世俗標準之下，因此可能發生為世俗標準擾亂的情形，與「女祭司」的主題建立在求取人世情感經驗與知性智慧間的平衡而展開各種可能的生命經驗相似，「隱士」主題也往往因追求內在深刻的直覺與外在具體事物、世俗法則、感官認知的平衡，而創造出各種型態的生命經驗。

好比說，一個通靈者其實是把他的超越性的直覺性感知變成現實認知符號，否則不能轉化，這就好像我請問你如何描述紫外光是什麼樣子？這是肉眼見不到的東西，它沒有辦法被具體描繪，所有能被表述出來的事物都得用「可表述框架」，我今天跟你敘述我聽了一首歌的感覺，那感覺難以描述，但我想讓你明白，那麼我就得用一個具體的形容詞，結果我說，那歌聲「如映照在水晶上的亮光」，這就是把歌聲放到一個表述框架裡，否則我怎麼形容？更遑論靈媒自己「感知」到的超凡事物時，這感知早已經被自己經由這道框架轉換過了。

這個在直覺與感官（現實的、肉身的、世俗的、社會的感知、理解、價值標準、邏輯依據、意識型態）間尋求平衡介面的框架如何成熟，就是這些人的主題展開的核心，這牽涉到他們如何應付他們的生活，與他們為人們做指引和解說時所持的態度。

一般來說生命主題是「隱士」的人較喜歡獨處，熱中於面對自己，這並非「隱士」不愛與人相處，他們往往有孤僻、沉醉於自己一人的一面，但也能與他人相處得宜並大方健談。

有些生命主題是「隱士」的人會失掉平衡，變成用極端的世俗感知態度面對直覺的部分，結果變成神經質、悲觀主義者，被負面的趨勢牽引著。舉個例子，某人平常極投入於指引他人做超越自我極限的努力，而他也熱中於用各種方法試探自己內在和外在的邊界，但是在他遭遇了一連串可怕災難後，他相信人生的一切是有代價的，所有人在得到任何事物後，必然會有失去和災禍，越大的幸福會付出越慘痛的代價，這想法是大錯特錯的，他卻深信不疑，以致於沉溺在受苦是必然的悲觀態度之中，而持續嚴重地影響了他的健康和生活。

有些主題是「隱士」的人失掉了平衡而發展成反社會傾向，否定社會的架構、制度、集體價值觀，對社會抱持偏激的敵意。

做為大分階段的主題

人世經驗的良好創造是從追求自我價值的實現出發，但找不到正確的實現方向，或者走錯了方向，生命經驗的下半場就難以順利發揮了。失掉方向或者偏倚方向的人可能會在大分階段遭遇「隱士」的主題。

大部分人的生命經驗被世俗邏輯牽著走而不自知，好比說，一個漂亮的女生走在街上，一名偶像劇製作人看到了驚為天人，立刻跑去邀請她擔任未來的女主角。女生自己到底喜不喜歡演偶像劇呢？這是其次，重點是，人人都想當偶像劇的女主角啊！這種機會太難得了，比神話應驗在現世還不可能！演了偶像劇萬一大紅的話，會變成有高知名度的人啊！漂亮的女生天生就該當明星啊！變成明星的話，有很多錢喔！……這所有的有利因素到底有哪一項是真理呢？沒有，一項也沒有。只不過是大部分人都這麼想罷了，事實上連「大多數人都如此」也只是個幻影。

自己究竟想當什麼樣的人，這才是最核心的問題。就連「為生活所迫」、「為了家人必須犧牲自己」、「因為這樣的環境只能這麼做」都是可質疑的，因為在這樣的前提下，你，究竟是個什麼樣的人才是重點。大分階段的主題是「隱士」，目的就是為了讓被現實邏輯逐漸強拉過去的「自我」接觸自己的本質，找到適合自己的正確方向，並感受這樣一個自己和困在現實邏輯的自己的差別。

這時會發生的情況可能是被迫或者自願從原本的世俗生活暫停，也有可能所處的狀態讓自己無法做出任何選擇，只好暫停，回到一個較不置身受世俗法則牽引的狀態，此時多半已對原有的狀態產生排斥——可能是煩勞徒然的生活，可能是受感情問題糾纏，可能是健康情形不佳或困擾等等，而伴隨著想接觸較深刻的事物的欲望，有些人是看起來不太有道理地興起求知欲望，有些人是突然興起自己有很大的尚未發揮的潛能的感覺。周遭可能出現能影響自己的人物，符合自己在這樣的狀況下的需要。

這個主題的重點在於尋找、辨認真正的屬於自己的價值觀，真正會引發自己熱情的、對生命會產生創造性前進動力的事物，以及真正能讓「自我」有存在感，能以此展開生命經驗、將能豐碩自我價值完成的事物，因此要先排除那些讓「自我」被牽著鼻子走的外在一套原本理所當然或以為不得不然的東西。

舉個例子，某人投入某工作一段時間，雖然一直很賣力，表現也不俗，但有一天卻發現，只要公司有某人擋在前面，他就完全沒有獲重視的可能，而這個擋在前面的人，恐怕到他八十歲也不會離開。他只好黯然離職，在家裡等待新工作機會，一等竟然就等了一年，這期間他發現了自己有高度興趣的事，但那件事眼前完全無法養活他，他寧願打零工也不想做原來性質的工作，原因是他此時才明瞭原本那個行業跟他的個性、才能有多不適合。至於眼前這個興趣能不能變成謀生的依據還不確定，但直覺告訴他這條路是對的。

符合本質需求、能真正帶來成就的直覺一直都在釋放出訊息，但就像房間裡充滿了嘈雜的人聲鼎沸，你是聽不見的，必須要先讓房間安靜下來。

10 命運之輪

命運轉動或倒退？衝擊自我進入新階段的考驗

做為機制階段的主題

「命運之輪」階段的主題是生命的轉向，也是為了積極統合、擴大內在不同面向的能力做準備。

在先前的「隱士」的階段，「自我」從中觸探了前進的方向，但往往要面臨一個外力的撞擊，才能真正把「自我」推進到該走的道路上。這外力有時發生地突如其來，且把「自我」帶進的方向超乎預期，感覺是原先想都沒有想到的，其實仔細追索不難發現在前一個階段甚至更早已多有跡象。

「命運之輪」是生命歷程中較好辨識的主題，有些人告訴你，他的生命中某個階段發生了某件意外的事，或認識了某人，不可思議地改變了他的生命之路，造成了他生命的大轉向，這很明顯是「命運之輪」的發生。因此，如果想摸索自己的生命歷程大約走到什麼位置，先找出「命運之輪」是最容易的方法。

不過，生命歷程的主要主題就是「命運之輪」的人，這樣的情形可能屢屢發生，再者，大分階段主題是「命運之輪」的人，也會發現自己的「命運之輪」轉動不只一次，再加上扮演「命運之輪」角色的事件可能不只有一件，一般人多會覺察「命運之輪」的發生少說一到三次。

「命運之輪」轉動常在之前便有跡象：靜極思動、物極必反、受壓抑想突破。由於前一階段「隱士」的主題中，「自我」已經歷了方向的探尋，加上「隱士」主題多少帶有反世俗的色彩（為了拉開一個距離，有客觀的視野），很多人誤以為這就是自己的道路，其實不然，無論是「隱士」階段或「命運之輪」階段，生命方向的更新都只是個起點而已，甚至談不上真正跨出一步，之後還要通過很多關卡才能真正確立自己最佳的方向。

好比說，有人在「隱士」階段感覺自己豁然開朗，汲汲名利是無聊空虛的行為，放空自在才是生命道途，以為從此超脫，但到了「命運之輪」階段，某樣意外事件的衝擊發生，這件事使得自己比過去任何時候都更在乎、更無法放下，事實上這暗示了他的生命熱力還有更遠的發展空間，也必須找到自己更有力的生活態度。

有個朋友一直強調他安於目前的生活，其實他少年得志，很早就嘗過事業高峰，認為自己看淡虛浮的一切，已找到最適合自己的生活方式，無欲無求，但我感知他的「命運之輪」將轉動，忍不住告訴他，他回答「正是想有所改變的時候」，與他自己所言的安於現狀顯然相反。但他又不願意主動去做改變，也不知道朝什麼方向去突破，他總覺得那樣做違反自己的心意。

像是這種情況，他的潛意識是清楚自己想要什麼的，而內在蓄積的突破能量也在增加，一旦到了臨界點，就會轉動「命運之輪」，外在可能出現非他所料的事件把他帶到一個新的境地去。

既然是轉變與開展新視野，必然與之前不同，過程往往非順遂快樂，可說是重要的挑戰，從此一階段以後，困難、掙扎、挑戰主題更多，但還是一句老話，生命歷程並非找麻煩，挫折與考驗是做為增長自己的驅動力。

做為一次生命的主題

整個生命主題是「命運之輪」的人，可能一生不斷遭逢變化，不一定是際遇多變，也可能是他有很強烈的自我挑戰需求，或者他難以安於現狀。

每個人都會遭遇到生命中較明顯的道途或心態的轉變，因為每個人的生命歷程都會通過「命運之輪」階段，但生命主題是「命運之輪」的人則可能有更多顯著的大起大落。這種人也可能事業上起伏不斷，好比說多數人若能獲得如慧星般輝煌的成功，一次就難能可貴了，但他們卻可能發生不可思議的多次，你看他似乎一蹶不振，再不可能翻身，誰知道他又東山再起，而且聲勢驚人。

生命主題是「命運之輪」的人也可能將勇於尋找挑戰當作自己生活的重心，不追求更高難度的挑戰他就覺得沒勁，生活沒有意義，自己沒有存在感。他們玩一件新事物，會拚命想得到最佳成果，不是為了得到肯定和讚許，而是因為他們有突破再突破的欲望。有時這種人甚至不甘於只在自己的生活上尋求挑戰和突破，也會干涉他人的生活，甚至去改變群體生活、社會、國家。

生命主題是「命運之輪」的人不甘一成不變，也不甘於接受固化的想法、限制，他們這種態度也往往對其他的人有影響力。

不過，他們突破侷限的努力也未必都會成功，有可能失敗的機率更多，但屢敗屢戰，因為他們的動力就是去做出改變。

然而也有並未善用此一主題的人，水能載舟也能覆舟，「命運之輪」的主題原本賦予生命更豐富的材料，主題為「命運之輪」的人顯然有可能獲得更多樣性、更蓬勃豐盛的經驗，然而「自我」不一定正面看待，也不一定有自信承擔，若是負面地看待這個主題，可能會把自己的生命視為命運多舛、苦難不斷、倒楣至極。「命運之輪」能把人推進一個新局面，但若不能加以利用，執意不信任自己的力量，便可能每次都沒有順利成功地轉動，那便可能帶來厄運連連。

做為大分階段的主題

大分階段中主題是「命運之輪」，「轉變」這件事以及轉變的「方向」具有重要的意義。舉個例子，某男孩對自己的性向不是很確定，他覺得自己喜歡同性，但一直與異性交往，他遇到一位較年長的同志男性，兩人展開交往，他開始確定自己的性向是只鍾情於男性、只對男性有慾望的。在這個大分階段裡，他正面臨社會化的展開，自我價值的證明，尋找適合自己的和他人互動以及表達自己個性的方式，而「命運之輪」此時是他的主題，表示這一切都有關連，他要在這個變化上頭學著抓住自己的定位，他會更瞭解自己，確定真正過適合自己的生活的態度，到底什麼能讓自己滿足，否則他就會迷失掉。

有意思的是「命運之輪」的轉變並非只有現在可以改變未來，現在也能改變過去。有人問我，改變過去有什麼意義？因為我們以為過去是不能改變的，我們覺得自己有自由意志和勇氣去相信我們能創造未來，但過去已經發生了卻無法改變，某些時候，過去就限制了我們，因為過去無法改變，我們便相信必然有某些束縛我們的事物超過了我們能左右的範圍，我們只能受它箝制，但這並不是真相。

舉一個案例，某人曾找我算關於某個工作的計畫，一年前他有個案子需要投資人，剛好因緣際會與某業主碰面，對方聽了他的想法頗認同，慨然答應投資。他來算該計畫會否順利成功，結果卻是行不通，不只是做不好，而是基本上根本不會進行。

他對自己的計畫很有自信，不明白怎可能做不成。半年多快一年過去，投資人的錢雖不是全部投下，但也拿出了第一筆款，然而他雖然很努力，卻發現困難重重，當初評估的種種關於對市場的推測，實際去做原來有一段距離，並且構想和真的運作是兩回事。他一直都沒放棄過，中途做了多次調整，用盡心力，可想的辦法全想光了，最後還是不得不宣告：此路不通。

然而，因為將近一年的努力，還是學到很多寶貴的經驗，使得他能提出一個更成熟、更符合市場需求，也更完整實際的構想，他老實跟投資人承認之前的錯誤，並分析了新的計畫，投資人欣然接受。

這次他又來算這個新提案，一年前的位置出現了「命運之輪」！一年前他的牌形並沒有呈現命運揭示轉捩點，而表明他的計畫不會運行，但他卻還是勇於嘗試，失敗雖是注定，他卻沒有被打敗，且熱切地擷取經驗，一點都不介意從頭來過。一年之後，「命運之輪」的出現，不是出現在「現在」，也不是出現在「未來」，而是出現在「過去」，換言之，他創造了一個「新的過去」，他的行為使得一年前與投資人相識相談結緣以致於開始進行計畫，成了他命運轉動的樞紐，這件事在「過去的位置」變化了角色，將擔任他的「命運之輪」，帶領他開啟生命新章。據我所知，這件事的發展後來很有戲劇性，帶給他難以想像的生命活力，他做了之前不曾想過的重大嘗試。最奇妙的是，扮演「命運之輪」角色的人物也出現在他的生活中，對他造成莫大的影響。

如果對「命運之輪」階段的發生有所警覺，就能更加瞭解這段生命經驗要為「自我」帶來什麼。有個案例是一位已婚男性與外遇女子苦戀，一方面難以負荷沉重的情感壓力，一方面又很難自拔，他不知道該怎麼做，又很天真地盼望新對象出現能取代他對這位女友的情感。諸如此類的故事其實多如牛毛，太司空見慣了，但在這個案例身上，這段戀情有「命運之輪」轉動的功能，此一主題結束後，戀愛關係可能跟著結束，也可能轉變為另一形式，而在主題完成前，當事人用盡氣力去抵制或想離開總會徒勞無功。在這個案例裡，如果當事人能找出「命運之輪」的任務是要他完成怎樣的轉變（並非與戀情有關，而是這戀情對他的影響，如何影響對每個個案不可能相同），那麼他甚至可以推知脫離的時間。

11 正義

我的正義就是全世界的正義?!確立自我正義標準的考驗

做為機制階段的主題

前面說過「自我」在社會化的過程要學習與公眾的價值標準平衡，但隨著生命經驗增加，屬於自己個人的價值標準、判斷事物的基礎，一定會隨之變化，且更複雜。歷經自我生命意義的觸探，價值實現與發展的方向的轉變，新的、完整的、精確的一把尺的建立是很要緊的事。

剛開始脫離自我中心的單一觀點走進社會，「自我」是沒有負擔而可以恣情開展的，但慢慢方向就會集中，否則就像一隻無頭蒼蠅亂飛，而「自我」為了追求在現世裡的存在感、成就感、證明自己，也會越發專注在具體的現世生活，這時候「自我」必須對自己整個生命的主題更清楚。

當正確的選項不容易找到時，想想我們通常在選擇題裡找答案的方法是什麼，往往是逐一排除顯然不正確的選項，「正義」的主題有點這種味道，面對每件事物，審核它對你來說是對的還是不對的、該做還是不該做的、能接受還是不能接受的，跟另一件事物相比它是較重要的還是較不重要的等等。

舉一個案例，這個人生意做得十分成功，不只是錢賺得有如印鈔票般，也贏得實質的權力、地位、名聲，但他突然感覺這一切很空虛，他展開一場旅行，走到人跡荒蕪的地方，窮困貧瘠的世界的邊境，對生命、對人生有了全然不同的感受。回國後他改變了對事業的態度，不再事必躬親，不再一手獨攬大權，他聘請一群專業經理人，把各個公司的事全然交給他們處理，他不再過問。一開始，生意大幅下滑，很不順利，但他不在意也不慌亂，更不衝動地又想自己重新下海，反而耐心地教自己，他該學著判斷怎樣的生活是他想要的，怎樣是看起來光鮮亮麗實則虛假而沒有意義的。且他找到了跟原本的事業全然不相干的一項興趣，他把百分之八十的時間投入那項毫無利潤的興趣中，發揮自己更多意想不到的潛能，得到莫大滿足快樂。

他的旅行是「隱士」的階段，對事業的處理一百八十度大轉變以及改變專注的事物方向是「命運之輪」的階段，然而「正義」階段才是最重要的，這是一個能將他的人生信仰堅固地確立的課題，使他能學習到真正不為錯誤干擾所動而從容快樂，真正為自己的選擇所滿足，而非自我欺瞞，或今天想這樣明天又改變。

做為一次生命的主題

生命歷程的主題是「正義」的人，其生命的重要經驗可能都放在去做出對的事的抉擇，執著於自身的「正義」，他們會建立一套自身的「正義」的標準，並致力於實踐和維護，也可能他們的課題就是去建立這個標準。有時候他們有很強烈的一種自認為對的標準，他們依從這個標準，也要求別人依從，他們甚至會要求世界依從這個標準，因為這才是正當的、對的，但這個標準必然會面臨挑戰，可能是他們無法貫徹，力不從心，也或者他們自己會開始懷疑這個標準是有問題的，這會使他們面臨可怕的自我否定，而他們得再次找回一個新的信念體系。

生命主題為「正義」的人，可能這個主題就如我們一般所言的「正義」，也就是義理、公義、正直、正確，也就是說這樣的人的生命經驗著力於維護「正義」，大至國家社會，小至機關組織，或路見不平都要插手干預，因為選擇對的、消滅錯的對他們來說很重要，每件事的重點都在這上頭。當然有很多這樣的人變成了意識型態高於一切，強行不惜一切要去維持自己所謂的公正，或左右他人的行為，到達偏激的程度，或者使用暴力。

也有些人的生命主題是「正義」，但這「正義」並非整個社會、制度的公正、平等、義理，而指的只是合理事物的評斷，這樣的人追求行事的合理，原則勝過一切，這可能使得這類人給人吹毛求疵、鑽牛角尖、拘泥嚴厲的觀感。

並非主題是「正義」的人都會自動建立一套自身的法則，因為法則的建立本身就是主題，這標準、邏輯是如何建立起來的，鋪陳了他們的生命經驗。

以「正義」為生命主題讓人馬上聯想到警察、律師這類工作，的確生命主題為「正義」的人有可能成為警察或律師，或從事其他維持法則、義理的工作，但他們從事這樣的工作不一定是為了維護公義，而較大程度是在這過程裡探討一種價值邏輯，相信自己做的事是對的，也認為別人該這樣做，並以為所有人都該這麼認為。也就是說，一個生命主題為「正義」的人當了律師並不表示他必然維護一種世俗認定的「正義」，他可能從這工作中發展出一套他自己的「正當」，也許這「正當」不符合法條，但符合他心中的義理，這就是他個人的「正義」標準，也許相反，他心中的「正當」完全是自私、利益導向、顛倒黑白，但這是他從他自己的生命經驗的琢磨中給自己造就的一把尺，是他相信為對的（否則他為何這麼做？人選擇怎麼做，就是他自認自己為對）。

要注意的是，生命歷程的主題是「正義」的人，其生命經驗的重心是建立一種正義標準，而非撿一個現成的正義去死守。一個主題為「正義」的人，或有可能從小從電影、書本中學到一種浪漫的正義感，幻想自己成為正義使者，長大了果然成為執法者或法律守護者，但他必然要用自己的生活經驗去應證，他原有的信念可能遭到現實推翻，他會迷惑、質疑，他可能繼續死守但又與現實衝突，他也可能自己建立了全然不同的新標準，後來卻又推翻。其實在警察或律師的工作中，維護秩序、法律只是抽象的概念罷了，真實的經驗囊括在人與人的互動、就如任何其他從事不同工作的人一樣會面臨的每瞬間的判斷之中。

也有些主題為「正義」的人一生面臨做抉擇的考驗，照自己的意思去做結果不見容於團體，於是自己的一把尺動搖，或者進入群體中就面臨選邊站而自己永遠難為困頓於該倒向哪一邊，又或者總因自己無法決斷而壞事，明知這是致命傷，但因為無法找到清楚的一把尺而沒有判斷標準，所以才猶豫不決。這是主題為「正義」卻開展不了的情形。

生命主題為「正義」的人也可能一生面臨的考驗是現實總有多重事物一起擺在面前挑戰他的輕重標準，好比說親情重要還是愛情重要、現實重要還是理想重要、責任重要還是自由重要，有個朋友連出門該向左轉還是向右轉都成了困擾，因為兩邊都有令他愛恨交加的鄰居。有些人能快速銳利地加以評斷，擁有高超的決斷力，這在統御龐大事業時很有幫助，有些人則完全相反。

做為大分階段的主題

如果之前的大分階段裡，因為缺乏決斷力而導致生命經驗無法良好打開，那麼下一個大分階段有可能主題就是「正義」。這未必表示在此一階段裡「自我」是要學習個性變得果決，更重要的是找到自己的價值天平、理解自己內在的信念體系。

舉一個案例，某人很明白自己不擅長在人際關係複雜的組織裡做事，因此一直選擇在非營利的機構中工作，且盡量把一切單純化，最好是獨自一人行事，用不著和他人互動，只要主管交代的事按部就班老實完成就好，然而時間久了也覺得內心裡無法滿足於單調的生活和成就感的匱乏，她知道用這樣的態度做事，自己的能力永遠無法發揮，而她一直相信自己其實是能完成更需要智慧與才情的工作的人。此時剛好因為機構擴大了業務，開始與其他單位合作，她也必須學習面對更複雜多變的人事互動，這令她非常恐慌，她發現她無法處理帶有利害關係的人際互動，而她總是謹慎小心，深怕被誤解，她花費很大的心力不是在完成工作事務上，而是想被其他人認可，這使她感到慌亂又疲憊。

乍看之下她面臨的主題好像是「戀人」，關於人際關係的和諧互動，關於被接納和肯定，關於相互理解，但事實上這個階段她真正要處理的是關於自己的重心、自己的準則、自己對生活和成就的期待。一個人在人群中要扮演怎樣的角色，取決於他想獲得什麼，依從他人的價值標準而非自己的價值標準，為的就是能更輕鬆地適應團體，但往往扭曲自己，然而妥協是為了換取什麼？明知委屈、難受，為何又不願意表達真正的自己？明明違反自己的義理，為何不敢違抗？這都是有理由的，好比說你把不想破壞和別人的關係看得重於遵守自己認為對的或者較舒服的原則，這就是你的天平。

然而一旦你想改變，就必須重新把這天平定位，做了新的定位，就一定要遵守，否則你不可能真的改變。大分階段裡主題為「正義」，就是挑戰自己能否做到把自己安裝到新的準則裡，依循這個新的「正義」確實行事。

12 倒懸者

是蓄勢待發還是龍困淺灘？儲備前進能量的考驗

做為機制階段的主題

雖說生命歷程就是要在現世創造活潑的生命經驗，凡有劃地自限、停滯不前，內在便會給予「自我」突破的驅動，但卻也有必須停頓的階段，這是為了蓄積足夠的能量，就好比一輛車不可能邊跑邊加油，加油的時候總得停下來。

但很多人以為生命就是往前衝，其實不用害怕停下來充電，觀望一下風景，檢查一下地圖，補充所需的物資。有人說休息是為了走長遠的路，不過這話只對了一半，休息是旅途的一部分，要知道該如何運用它，如果因此懈怠、消耗、喪失信心、失去方向，原本是為了蓄積能量的過程卻造成了反效果，竟變成上不了路了。

歷經前面的「命運之輪」、「正義」的階段，之後要面對新的出發，但這個新局仰賴的是提升和改換了的「自我」，改換習慣需要時間熬過去，好比說用慣右手寫字，換了左手必然寫不好，寫得慢。

人在世俗生活中很相信外在充滿了自己無法操控的變數，要做什麼事得靠機會、運氣，機會沒有到來自己再努力也沒有用，而什麼機會都沒有的時候便怨天尤人、憤世嫉俗，然而每個人生命裡都會有一個階段感覺一事無成、事倍功半，再努力都是徒勞，或者弄巧成拙，這可能就是「倒懸者」的階段，如果你把它看成一事無成、徒勞無功，只是坐困愁城的階段，就白白虛耗了這個階段的功能，「倒懸者」的主題是在面對這個僵局時重新調整自己、確立自己該做的事，不停下來釐清這些，不可能銳利地再出發、迎接未來的挑戰。

「隱士」階段有時含有沉潛的意味，因為在「隱士」的階段需要客觀清明的思考，「倒懸者」的階段則可能包含了某些窒礙困頓，但如「自我」已有清明思考的基礎，便能理解這個階段困頓的意義。方才拿加油來做比喻，加油時得停車，而動物覓食也是一樣，吃東西的時候不能一邊奔跑，但停下來卻可能遭到攻擊，因此這個停滯要是付出代價的，但卻是必須的。

「倒懸者」階段的發生，也不一定是被動地陷入僵局，而可能是「自我」對之前的生活形態發生了自然地厭惡，到再難忍受的程度，於是把自己封閉起來；也有可能是不想承擔原本的生活方式違背自己意願的部分，而開始逃避。「倒懸者」也可能是一個質疑自己、反駁或挑戰自己過去相信或受制於的狀態，因此需要停滯下來，這種狀態下，有可能推翻了過去自己的一些積極性，但也可能經過這番停滯下來的辯證，重新確認了那些有所反駁或質疑的信念。

不管是什麼原因，進入這個階段不會是只虛耗生命時光，有些人在這個階段裡充實自己，多所醞釀，有些人純粹體會單純的生活感觸，什麼都不多想，但經歷這個過程「自我」一定會有所成長，或產生非再前進不可的衝動，以便重新啟動。

做為一次生命的主題

和那些在檯面上發光發熱、積極活躍、光鮮亮麗的人相比，生命歷程的主題是「倒懸者」的人的確顯得較靜態、黯淡，是屬於在檯面下努力的人，他可能有極大的能力、能解決很重要的難題、是個不可或缺的人物，他所做的事可能需要特殊的技巧，付出很多心血，也或者他所做的事每個人都能做卻無人願意做，但卻是非常重要的，而這些卻不一定為人周知。我個人對於這樣的人物總有一份特別的好感與欽佩。

雖然大多數人都嚮往華麗、顯耀的生活方式，但也很多人較為傾向於低調完成有挑戰性的事物，並以此為成就、滿足。

因此生命主題是「倒懸者」的人，一般多較常人有更多耐心、包容力、臨危不亂、處理繁雜瑣事的毅力，解決難題和紛爭的手段也比較沉著，但相反的，如果主題是「倒懸者」而其生命經歷都處於這樣的狀態，但「自我」的性格卻相違背，好比說欠缺耐心和包容，那麼就只會覺得自己一生都不順利，沒有出頭之日。

的確「倒懸者」主題的生命經歷會面臨很多波折，付出心力卻沒有燦爛的成果，因此從中找到自己的價值滿足之處是很重要的，唯有如此才能享受這樣的生命過程。有一個案例是他明明有很多機會可以輕而易舉獲得高度的名利，但他選擇放棄，甘於為人作嫁的工作，且認為自己能勝任，這些過程很辛苦，嚴格說來苦大大多於樂，但他認為這比虛浮的生活更適合他，而他會自己去找尋和創造成就感，這種成就感彌補他付出的心血。

在群體裡，「倒懸者」主題的人有時是位於犧牲奉獻的角色，但他們並不是平白付出不求回報，而是他們理解這是適合他們的生活方式，他們知道自己的功能，並且有自信，因此能正面地創造豐富的生命經驗。

反過來說只看到自己犧牲，他人受惠，而感到忿忿不平，就會越發強化這樣的經驗。舉個例子，投身革命的人知道自己可能犧牲生命，但他們知道這個犧牲能換來什麼，這是值得的，是自己選擇的，在價值天平的衡量下，他們覺得這個犧牲重於安全和享樂，他們毫不會去想，為何是我犧牲而別人得到成果呢？他們只在乎自己奉獻生命而能給人們帶來更好的世界，讓他人幸福本來就是他的目標，他追求的成果。

但是主題是「倒懸者」而走上犧牲奉獻之路，「自我」卻扭曲這個心態，認為自己是被推上祭台的祭品，那就只有憤怒和不甘願了，既無力扭轉事實，又活在痛苦中。

做為大分階段的主題

大分階段的主題是「倒懸者」，表示此一主題在這個大分階段有助於「自我」做必須的調整，以應付下一大分階段。好比說前一階段看起來發展得頗精彩，眼看成就要爬到巔峰，或剛志得意滿感覺前途一片光明，卻突然掉進「倒懸者」的狀態，可能這個大分階段的重點就是在矯正之前發展的錯誤或雜亂的方向。而當這重整過程的主題是「倒懸者」，也許不只是帶來一小段沉潛、省思，甚至「倒懸者」這個特質屬性就是「自我」必須做的改變的關鍵，是必須加入「自我」的素質成分。

有一個案例是某女性因多重疾病不得不退出職場，之後無法再回到工作崗位，甚至完全失去自信，也不知道自己還能做什麼。這個階段她面對的不只是沉潛而已，也不只是思索自己如何再創造自我實現、如何證明自己的價值、如何找到情感的對象——這些如今都對她來說變得很困難，但是她越心急想要突破，越可能弄錯了她該走的方向，因為只看見眼前的難題而誤以為那就是她該解決的，就離根本上的調整方向越遠，所以她嘗試突破困境的努力都失敗。其實看在旁人眼裡這些錯誤是很明顯的，她很難意識到自己的問題不在於這表面的病痛，而是心態，以及對人際關係錯誤的理解。「倒懸者」的主題是為了讓她學習一種更新，她既不是命運的犧牲品，也不是受害者，除非她重整自己的心態，更換一個健全的信念體系，否則不可能理想地因應外在的世界。

另一案例是一對夫妻的關係轉惡，但為了給孩子完整家庭而決定不離婚，然而兩人相處連一天也覺得苦不堪言，這僵持的狀態有如「倒懸者」，其中一人認為這是為了孩子不得不然的忍耐，另一人則認為自己當初選擇對象犯了天大的錯誤，陷在這泥濘中毀了自己一生，是婚姻的犧牲品。這則案例裡，兩人若仔細審視自己的生活，「倒懸者」反映在婚姻關係上，也暗示了他們發展生命經驗的瓶頸，婚姻生活、家庭關係本來就是牽絆，但對許多人的生命歷程來說是必須付出的代價，且是值得的，如果這價值感產生動搖，若非婚姻和家庭根本是不值得的應該要放棄，那就是自我實現出了問題，以致於失衡。

大分階段的主題為「倒懸者」，亦有可能發生如合約、官司纏身或牢獄之災，把當事人限制住或與原有的發展隔開，要注意這不表示這一階段就是停滯的狀態，而必須當作為了更新及未來的發展做準備。

此外，即使是置身看似順遂、活躍的狀態，依然可能是處於「倒懸者」的主題，這只有當事人自己知道，表面上多所進展，其實都是空洞的，當事人很明白他本身沒有前進，那些成就與肯定都如泡沫般不可信也不持久，毫無意義，這會使他想要去追求更穩定的、雖樸實但更實在的事物，也看清事物表裡的差異。

13 死神
是毀壞失去還是汰舊更新？轉換與蛻變的考驗

做為機制階段的主題

「死神」常遭人誤解，看其字面就把其意義偏狹地視為死亡、失敗、毀壞，卻不關心到底是什麼死亡？意義為何？我想這大概是人的習慣，只看見自己最在乎、關切的事，好比說矮個兒一聽到有人在笑，就直覺認為是笑他矮，事實上完全不相干。一個人若眼前最關心他正緊盯的一筆投資，一聽到「死神」二字，馬上聯想到的必然就是這筆投資失利。若「死神」是這種意義——打擊你目前最看重的事，那麼生命階段在決斷取捨的「正義」以及累積能量的「倒懸者」後，卻故意打你一巴掌，不是很沒有邏輯？

「死神」階段的主題是脫胎換骨。方向找到了，能量也蓄積了，正要準備上路，那麼缺的就是把不適合的、錯舊的東西丟掉。

有時候你該丟掉的東西是你用慣的東西，你怎樣都不想丟，你一直以來都用它，且用得順手，丟了它，用別的取代，你一下子會不適應，且效果不好。前一階段我提過用慣右手寫字，叫你用左手，你每寫一個字，心裡就會暗想，還是用右手好；在倒懸者階段，使用左手讓你感覺困頓，寫不快，寫不好，但假使非得要你用左手寫呢？假使今後用左手寫是有某種必須的理由，可是你抗拒，放不開原有的依賴心呢？那麼只好讓你失去右手。

「死神」的主題可能會使你舊有的某些依賴的東西毀壞、失效，這聽起來很恐怖，但其實可以從不同的角度來看。改變本來就是一種舊有形式的消滅，變為新的形式，就好像我們之前也提過毛蟲變成蝴蝶，以蝴蝶的型態來說，等於是毛蟲型態的死去，你不可能同時又是毛蟲又是蝴蝶，你只能是其中一種，或許毛蟲仍在你體內，你沒有喪失毛蟲的記憶，你知道毛蟲也是你，但確實毛蟲消失了，你不再吃樹葉，不再用肚子貼著地面爬。

我們回頭看前幾個階段的歷程，都牽涉到「自我」信念系統的重整，回想一下「正義」的階段，你有了一個新的、完整的價值天平，你現在依照這個天平來行事，沒有猶豫不決，因為「正義」就是這麼鐵面無私，你必須要真的這樣改變自己，否則只能持續散亂成無頭緒的一團。舉個例子，某人因為在意別人的看法，不習於拒絕別人的要求，儘管令自己不快樂，壓抑自己真正的個性，但是叫他勇敢一點，他又覺得他不想真的那麼強硬，有些事他可以答應，不算太難忍受，只是學不會拿捏而已。那麼經過之前的階段的思考和釐清，他學習建立自己的準則，這下他也清楚了他該靠別的方法來贏得肯定，而不是靠一味屈從別人。

然而，你改變了，結果周圍的人真的還無法接受，他們不喜歡有主見的你，不喜歡會拒絕他們的你，你又惶恐不安了。你該怎麼辦？要堅持你的新原則，如此才能真正發揮你的能力，做你自己，而唯一的方法是讓過去那個優柔寡斷的，太在乎求他人接納的自己死去。「死神」階段可能發生某些境遇，讓你無法再當原來那樣的人，好比說你真的被這個群體給否決了，或這個群體瓦解了，那麼你也不需要再去討好這些人了。

做為一次生命的主題

生命歷程的主題為「死神」的人，其一生遭遇可能跟死亡、失敗、轉換有密切關係，確實是較有挑戰性的主題。但生命主題與災厄有關未必表示一生的遭遇就是連串災厄，而是探討災厄為生命帶來什麼？它啟發了生命什麼，它怎麼影響「自我」創造生命經驗。

好比說生命主題為「死神」的人，很可能會在生命中經歷重大的死亡災難，或目睹可怕的死亡場景，或死亡的場景在他的生命早期是很常見的景象，這會對他造成深刻的影響，因為這樣的經歷，他會比其他人對生命、對生活、對人生的價值有著更不一樣的見地，他看重的事情與常人很可能有很大的不同。

死亡對肉身生命是很不可思議的衝擊，不曾目睹、接觸死亡的人，很難去想像真正的死亡，有些人要到相當的年紀才第一次遭遇親近的人死亡，感受到死亡與生命的對比之強烈，而生命主題是「死神」的人，有可能在生命的早期這就已經是他非常在意的事。

有些工作會與死亡相伴，可能是接觸死亡的頻率很高，或者工作本身就與死亡這件事有關，但即使從事這樣的工作，如果死亡這件事對他的生活、思維、價值觀並無影響，反而他有別的強烈的屬性，很顯然「死神」並非他的主題；相反的有些人對死亡這件事有特殊的親近感，會被這樣的工作吸引，那麼他的生命主題比較有可能是「死神」。

主題為「死神」的人，此一主題在他生命中不盡然以肉身死亡這件事的形象出現，也可能是失敗、中斷、無疾而終，他可能再三面對這樣的命題，這也導引他對生命、對生活、對人生有特別的想法，他可能建立一種較為特殊的價值觀，能看破成功或者失敗的無意義，不再受世俗追求好壞成果拘束；但假使他從此相信自己是個注定失敗的人，或相信自己遇到的事絕對沒有一件會順利，最後就會陷入只看見負面事物的盲目中。

有些主題為「死神」的人習於半途而廢，永遠無法完成一件事，他把迴避自己無法勝任、感覺恐懼的事變成了習慣，不再能信任自己的能力，也不再信任自己能適應某些環境或與某些人相處，他必須要瞭解他該終止的不是完成一件事物、置身一個環境，而是終止這種否決、逃避的態度。

死亡既是一種終止，那麼重點是終止了什麼，從世俗生命的觀點來看，對事物有好壞的想法，那麼終止的事物可能是好的也可能是壞的，不理想的事物終止，反而合乎人的期待，因此「死神」的主題當然不一定是壞事。

我遇過生命遭遇的確是充滿了災難，從來沒體會過幸福順利的滋味，一直都是災難、失敗、被拋棄、失落和意外、病痛、損壞的人，他因此充滿怨念，動輒細數他一生悲劇的遭遇，無論如何鼓勵他，他都只會又開始數一遍他的不幸，證明他注定是一個悲劇性的人物。他沒明白這些悲劇是為了把他帶到哪裡去，這些經驗能使他變成一個更有智慧，更有視野，更有包容的人，這些都是為了要給他帶來最後的一個大的轉換，帶給他更大的能力，他有這個潛能。但他完全往反方向走，對自己能運用的龐大潛力視若無睹。

做為大分階段的主題

如果在先前的生命階段中沒有充分運用「死神」的課題，而有專注在此一課題的必要性，則某個大分階段的主題可能為「死神」，意味在生命的這段時間中，死亡、衰毀、無疾而終的遭遇會特別突顯。

有些人經歷驚險的劫後餘生，有些人發現某段生命時光中相繼失去周圍的人，或者老是碰到跟死亡有關的話題。很可能「自我」在這段時間正面臨對生命、生活的意義、目標感到疑惑的時刻，他可能因此覺悟過去認為很重要的某些事也許微不足道，而他一直疏漏了真正該付出關懷的事，或者他意識到眼前的一切才是最真實的。

或者，有些人在相當一段時間內所有看似不錯的機會都會因各式各樣的原因被中斷，其實如果能靜下心體察，或者等這個階段過了以後回頭看，可以找到這些挫敗的原因，在這個階段裡成功圓滿反而是不適當的，那些在當下你認為非常需要的事、非常想達成的事，如果真的順遂了，對你應當發生的改變其實是不利的，那些成功會固化你原有的狀態，而非讓你改變、更新，並且消滅掉你朝對的方向擴大自己的意願，你會覺得原本的做法沒什麼不好，但那是讓你開倒車、狹隘化，你可能不自覺，因為表面上看起來你是成功的。

一個例子是，此人一直以來賺錢非常容易，他養成了揮霍的習慣，且認為這一切理所當然，他把所有賺來的錢投資到一項事業，結果短短半年內全部賠光。不只是如此，接下來幾年的時間他的際遇都遭受各種打擊，包括友誼、愛情，甚至連天災都湊了一腳，但重點不是他遭受了一連串無情的打擊，而是這使他不再用原來那種已經非常熟練的理所當然的態度來面對事情。

我在《神之手》中提到生命過程中內在各種不同面向人格的融合，在融合的過程中，一定是不同的屬性傾向要達成和諧共處，得彼此讓步，「死神」也意味這種放棄和退讓，雖然說是讓步，但目的是為了消除矛盾，否則不可能獲得更健全的能力。

14 節制

堅持或沉淪、放縱或耽溺？調節偏失以利前進的考驗

做為機制階段的主題

前一階段「死神」的主題牽涉到內在不同屬性傾向的整合，要彼此融而為一，必須消除其中對立衝突的地方，也就是你得放掉一部分，才能得到一部分，這目的是建立更完整的和諧，而「節制」的主題跟這和諧有關，藉由一種達成動態平衡的努力來維持運作的和諧，發揮更大的能力。

好比說一個人的性格裡有一部分是很務實的，凡事都計算得很精的，目的性很明確，因此該怎麼做很清楚，不會被情緒左右，但卻也有另一部分是神經質的，很容易對人有莫名其妙的猜疑，或不合邏輯的不安全感，假設這人是個生意人，總是在談生意時做好各種盤算推敲，有時卻會被突如其來的被迫害妄想或者厄運的第六感籠罩，斷然放棄，造成損失。其實

務實精算的性格和猜疑心若不過於偏執、狹隘，都是有用的，而兩者有衝突存在，要並用就得去除矛盾，取其折衷，這就是「節制」。

「節制」並非一個容易的主題，因為要朝什麼方向調整，「自我」總是感到茫然的，尤其是為了矯正偏失，必須轉往完全相反的方向，而那看起來一點都不像是自己該去的地方。舉例來說，你的目的地應當是A，但你偏離了，變成往B去，為了回到A，你該轉的方向卻不是A而是C，因為你調整的方向必須把之前誤失的部分給吸納進去，但是C看起來一點都不像是你該去的地方（本來就不是，因為你要去的地方是A），這一定會讓人感到不知所措。

來到「節制」階段時，自我會自然發生朝預期以外、看似很不像適合自己的方向發展的情形。調節的方法本就是朝兩個極端拉扯，如能明白這個道理，就能較容易達成內在矛盾的消解，進而增強自我進一步發展的能力。

調節的做法很顯然也是在修正偏失，之前所談的每個階段，幾乎都提到在該階段的主題中若是有所偏失，過與不及，會發生的種種負面傾向和結果，調節這些偏失就是「節制」的主題。

經過建立明確價值標準的「正義」、沉穩蓄積的「倒懸者」、轉換更新的「死神」，

「自我」應該已有了前進道路的方向，這時不再是找尋方向的調整，而是對馳往既定目標的調整，換言之，不是無頭蒼蠅還在找目的地，而是藉由「節制」順利朝目的地前進。

怎麼說藉由「節制」來行進呢？「節制」這詞字面上聽起來是一種壓抑、克制，其實指的是精準操控，就像開車時對車的操控一樣，假使「節制」這詞讓人聯想到煞車，那麼不妨想，煞車並不只是用來停車的，有誰能在駕駛車輛行進中不使用煞車呢？完全不使用煞車的話，根本沒辦法讓車輛穩當地進行，因為無法控制速度。同樣的，油門也是控制速度的方法，藉由踩油門或者鬆油門來調節，有時跟使用煞車類似。當然使用方向盤更是對車輛行進的重要操控，如果你向右轉了五度，持續進了一段時間，也許之後要回到原方向得轉回十度，否則一路偏到更遠的地方去。

所以「節制」的主題不只是在於調節，也在於前行，「節制」並非束縛，相反的，「節制」就是前進的方法。換言之，沒有辦法做好「節制」，就沒有辦法前進，聽起來很弔詭，但這樣的例子俯拾皆是。好比說過於耽溺的人，放縱自己去相信負面或者偏激或者盲目的想法，怎樣都不願意調整心態，那麼他是不可能前進的，只會困在原地，更可怕的是一方面沾沾自喜以為自己這種耽溺是對的，一方面又埋怨哀嘆自己原地打轉、諸事不順。

做為一次生命的主題

生命歷程的主題為「節制」的人，可能在一生大多的時間要處理某樣事物的調節問題，或者這件事在他的生活經驗中占有相當的影響力、份量。如果自我過於脆弱，挑戰調節的力量就會變成其沉重的課題，好比說他可能成為一個有酗酒、藥物問題的人，或執著於某種偏激的……可能是糜爛的或者極端的生活方式無法自拔，陷入某種難以改變的會造成困擾、傷害的態度和習慣。

也有一種可能是在出生便已有某種性格、生理缺陷（而非後天造成的病態），但如果自我能充分反過來運用，卻能轉變這種看似不利的條件，變成優勢的力量，他可能變得比常人有更高度的才能，更堅強的心智力量。當然他也可能沒有任何傑出的特異之處，但因做好調節的心態而使他因這個不同常人的狀態背景而獲得更豐富的生命經驗。

生命主題為「節制」的人也可能養成一種極端的偏失的行為或態度，而固執己見、無法或不願做出調整，這樣的情形影響了其生活絕大部分的遭遇。這種情形不難見到，當事人不自覺這種毛病，如果有旁人指出來，他甚至會覺得受到攻擊或威脅，但事實上這種偏失的態度和行為造成他自己很大的傷害和困擾，然而他會誤以為這是他人、環境對他的不公正、不善良，把自己理解為受害者、犧牲品，隨時間越長要做出調節越困難，而偏失造成生活上各種問題的惡化也會越嚴重。

這種偏失一開始不一定是很大的人格缺陷或性格扭曲，可能只是每個人都可能發生的因童年生活養成的某些簡單毛病，但當「節制」為生命的主題時，處理自己的偏失會變成影響生活經驗的課題。好比說一位女性童年時因為家境的關係常受人欺負，養成的自我防禦習慣是永遠拒絕主動向人示好，並且認為干預他人生是自己的權利，這使她成為人人敬而遠之的人，其實她的生活非常順遂幸福，但是她永遠感到憤怒不平，總覺得朋友都居心不良、對她有敵意，以致於一個朋友都沒有了，又深感自己婚姻不幸、子女成就不好，到頭來生活中的每一分鐘從不曾讓她感覺愉快。這是她一路下來始終放縱自己朝負面偏頗下去的心態的結果。

「節制」為生命主題的人也可能讓調節的行為變成生活經驗很重要的一部分，好比說非常執著於減肥、健身、美容等等，永遠對結果感到不夠完美，要不停地修整下去。這種類似強迫症般的行為很多，好比說有些人非得把所到之處見到的所有東西都擺得整整齊齊。過度而喪失意義的調整往往已經造成生活負面的影響，這樣的行為意味著背後有真正需要調節的問題。

做為大分階段的主題

如前述自我所經歷的每個機制階段，都可能因有所偏失、過與不及，發生種種負面傾向和結果，甚至是很極端的不順遂、災難的經驗，有可能因此在某個大分階段時主題是「節制」。

「節制」需要相當的智慧與力量，大多數的人根本沒有覺察自己的偏失，或者不知道偏失在哪裡，或知道自己有偏失了卻不曉得要往哪裡修正、如何調節，或者知道了自己的偏失，也知道該往哪個方向調整，卻做不到，或不懂方法、或心有餘力不足。連我自己都常常為此困擾，我知道自己有過於理性的毛病，但某些時候我在面對特別的問題時會納悶我這回究竟是太過理性了還是理性不夠？如果我選錯了方向調整，就等於是越偏越遠了。

人要自己看出偏失並且做出調節並非容易的事，不過「節制」的主題出現時「自我」可能自然會遭遇引導這個主題發展的經驗，好比說一個過於肥胖的人，明知應該減肥卻難以做到，或者理性知道有損健康卻又自我逃避面對處理這個問題，有可能會面對具有威脅性的健康受損，而在此一階段不得不做出調節。

有時在主題為「節制」的大分階段裡，自我並不知道這是在做出調節，只是被外在機遇拉往一個跟原本的方向相反的極端跑，好比說原本很理性的人，在這段時間裡變得不可救藥地感性，這可能使他本人變得非常困擾，難以招架，我遇到一個案例就說他莫名其妙突然變成任何一點雞毛蒜皮瑣事都能使他極度感動而落淚不止，原本的理性分析習慣會擋住他的這種情感豐富的感傷，但不知為何那些理性的過濾網都不見了。其實他並不是被不知所以地變成了感性的人，而是在這個生命階段裡他會被這樣的經驗將他從原本的理性分析端往中間拉，他會先往極端相反的方向跑，直至他能把感性和理性中和，達成和諧平衡的狀態。

但自我的警覺、認知、自我意志的運用還是非常重要的，否則就像原本肥胖的人，本想減肥做不到，卻發生某些遭遇而開始發生了厭食傾向，結果在體重減到適合的狀態後無法停止，一路消瘦下去，到了無可收拾的可怕程度。

15 惡魔

執念是動力還是枷鎖?利用欲望與企圖心創造生命的考驗

簡言之,「惡魔」階段的主題與執念和束縛有關,這主題是很有挑戰性的,大多數人視被執念所困為低等,其實這跟所有其他的主題一樣,都是能創造出燦爛豐富的生命經驗、讓「自我」更充實完整的必要過程,只有忽視內在給予的平衡力量而嚴重偏失才會導致極端的負面結果。

做為機制階段的主題

在「自我」的生命旅程中,「惡魔」階段是最傾向人世的極致點,從生命進入物質世界開始,逐漸融入俗世的邏輯,追求人世生活中的存在證明,尋找在人世生活中的自我價值實現,感受肉身生活的滿足,這些都是現世生活的欲望,否則生命經驗無法展開,「自我」無法前進,也無法為內在帶來創造性的收穫,因此這種追求的意志是很重要的,必須要有足夠的專注、集中、強韌。

一般人提到欲望二字想到的無非物質生活虛浮的享受，其實所有生命經驗的追求都包括在內，包括理想性的、藝術性的、崇高的、浪漫的、求知的……。今天剛好看了一部電影「全境擴散」（Contagion），劇情描述一種致命性的病毒在全球蔓延，科學家致力於研究這病毒的特性，無奈這種病毒強大的殺傷力導致它無法在實驗室裡被培養，而也因為危險性的提高，繼續病毒培養的實驗被終止。可想而知科學家不會放棄，就算冒再大的險也要私自進行實驗。在現實裡這種劇情也很常見，科學家與其說是因救世情操而不惜一切代價進行實驗研究，不如說是一種極端的窮究欲望，一種隱形的腎上腺素發作，狂熱地非要得出一個答案不停止。

「惡魔」階段的主題也跟感官知覺有關，這並不意指執著於感官上的滿足，而是在侷限於追求對具體事物的知覺下摒除了對抽象的事物的興趣、敏感、知覺，好比說如果執著在於跟人共事時如何讓事情進行得更有效率、彼此更能互利，則理解他人的情緒、感受形而上的情懷，這些動機和知覺相對之下變得好似不存在。

感情問題的執著束縛也可能是「惡魔」主題的經驗，也許你會問，剛才說「惡魔」主題的執著常侷限於感官而排除了情感，那麼感情問題的經驗呢？典型的被感情問題所困，無法自拔，都包含了欲望，也就是說，那不是抽象的情懷，而是有所想要得到的東西；抽象的情懷是與回報無關的對愛之美好的體驗，對純粹的「愛」這件事的感動，對愛所能帶來的創造能量感到驚奇，體會愛的豐富，但涉及想有所得，好比說希望對方同等愛你，希望能有怎樣的結果，希望對方能再怎麼怎麼一點，希望兩人的相處能再怎麼怎麼一點，有這心思就會掉入受困泥沼，「惡魔」主題會使人對這想有所「得」變得異常執著，難以放手，離開「惡魔」階段以後回顧，可能會覺得那個想要得到的東西真看不出有何那麼值得想要的。

做為一次生命的主題

生命主題為「惡魔」的人，可能一生會被某種念頭束縛，但這也可能同時成為這個人的生命重大的動力，他一生成就的來源。好比說一位流行音樂家，他從小就愛玩音樂，有特別的狂熱，青少年期就跟伙伴們組樂團，堅信自己有一天會成為搖滾明星。不管任何人澆冷水都擊不倒他，往樂壇發展不順遂也動搖不了他對自己將有空前絕後的音樂成就的信任，終其一生他都在為創造更能打動群眾的作品、奪得更好的銷售成績、打造更好的音樂品質而奮鬥不懈，而他的確締造了輝煌的成就。儘管這個人一生事實上沒有因為自己的這種意志快樂過，現實帶來的滿足根本無法彌補因強大的自我挑戰的壓力帶來的痛苦和焦慮，更別提因為全心奉獻給音樂而犧牲、失去的事物有多少。這是執念，魔鬼般的執念，這執念可以徹底毀滅一個人，但卻為世人造就了無可比擬的璀璨作品。

但也有些主題為「惡魔」的人，並不具體知道能讓自己的欲望滿足的事物、成就是什麼，只覺得有無盡的欲望、空洞需要填補，結果只是無休止地找東西來填補，從來補不了這個大洞。有些人以為自己說得出自己的欲望，結果只不過是不願意真的動腦筋去想能證明自己價值的是什麼，就以為追求名利就是達成滿足欲望的方法，如果真的得到高度的名利，或許他會驚覺根本於事無補，但多數情形是半點名利也得不到，於是到死都以為名利就是他的目標。

生命主題為「惡魔」的人也可能成為享樂主義者，因為感官感知——也就是能具體感受、具體解釋的事物是「惡魔」主題的特色，並把生活的重心專注在這上頭。

從某個角度來說將生活經驗的重心放在感官感知是好的，這種人不會花腦筋傷春悲秋，看到什麼是什麼，吃了美食就為享用美食感到痛快，看到美景就拍手叫好，用不著費心去想這啟發了自己什麼，也不覺得沒有深刻的感懷、沒有延伸的收穫，這感受、這見聞就沒有意義，事實上他很少想什麼意義，換言之，他們只活在當下，往好的一方面說，他們比較有勇氣，也比較直接，並自然而然有欲望去體驗生活。壞處是他們侷限在這簡單的感覺裡，並且到了一個程度就再難超越自己，除非他們學著善用內在不同屬性的面向，或者和具有不同面向的人互補。

做為大分階段的主題

大分階段主題為「惡魔」，會讓人在這段時間裡集中專注在某件事物上發展，當事人對這件事會興起強大的莫名其妙的執念，一心一意執著下去。而這主題能帶來的有兩個層面，一是對執著這種狀態的體會，尤其是當這個人在之前的生命階段缺乏這種專注意念的情形下，一是所執著的這件事對當事人未來的生命創造有著重要性。也有時候並非這件事未來會在當事人的生命中扮演重要角色，而是間接關連的其他事，但此事是個跳板或樞紐，或執著此事帶來的經驗、心得，有助於「自我」下階段要創造的事物。

好比說某人喜好某種運動，但純粹就是喜好，然而某天開始他想要參加運動競賽，並且產生了強大的求勝心，他變得極為投入，開始鍛鍊自己、磨練技巧、設定計畫，把賽果當作最重要的事。這是他人生當中相當具有衝擊力的一段歷程，他感受了很多以前不曾有過的生命經驗，學到太多以前沒有接觸的事，但這並非他整個生命歷程的主題，只是此一階段的主題，有一天這種執念消失了，他脫離了這個階段的「惡魔」主題，轉往另一個領域發展，但這個階段投身運動比賽的經驗非常受用，學習到的心態更有莫大的幫助，他很明白如果沒有這場著魔的經歷，他不可能有現在的成熟與智慧，以及堅強的韌性和意志朝目標走下去，現在他不只覺得勝任輕鬆，視野開闊，也信任自己能創造更卓越的結果。

大分階段為「惡魔」也可能使一個原本總在憂慮過去、憂慮未來的人在這個階段裡學習活在當下，他可能轉為一個感官主義者，突如其來的生活體驗讓他專注應付眼前，或者只能集中心力去解決當下的問題。大分階段的主題常為了使「自我」補強某些先前欠缺的課題，或修正先前的偏失，有時偏失是一種偏執，在大分階段裡必須節制，有時相反，偏失是一種放散，在大分階段裡必須學著集中，「惡魔」主題便因此會在此一階段裡將「自我」鎖住在某一範疇。

大分階段的主題為「惡魔」也可能使人陷入一段難分難捨的愛情，而這愛情關係造成的難以自拔的吸引力很可能包含了肉體慾望的因素，令人立刻聯想到渡邊淳一的《失樂園》，描寫中年男女的不倫之戀追求感官性愛激情之極致。渡邊解釋他書寫的是性愛的極致近於死，我認為近於死就等於生的極致。惡魔階段在生命之旅當中就是位在物質現世之極限。而這樣的愛情關係中慾念其實不盡然就是無法割捨的原因，其暗示了這段束縛人的愛情關係的發生與「自我」存在某種想獲得世俗成就或物質回饋的欲望無法被滿足，或與自身條件在現世之價值感焦慮有關。

大分階段如果是位在中年時期，主題為「惡魔」很可能就是人們常說的中年危機現象的反映。此時「惡魔」所造成的欲望需求以及強大的執念可以成為攀向高峰的動力，若「自我」找到適切的發展方向，能於此階段發揮最強大的潛力，但也可能相反，「自我」陷入盲目，欲念變成遮蔽「自我」眼光的桎梏甚至毀滅力量。

16 高塔

是禮物還是災難？破釜沉舟達成的進化考驗

做為機制階段的主題

前面說過在「死神」階段的主題下，有死亡、毀壞、終止的發生，相較之下「高塔」的主題也有這種壞亡的意涵，且層面更大，涉及根本並具全面性。

「死神」帶有蛻變意涵，「高塔」也是，等於是第二次的蛻變。「高塔」的主題在現世經驗中可能以災難性的崩毀的形式出現，令人恐懼。人當然害怕並想抵抗傷害和失去，但這主題就是建立在此之上，不能只看傷害和失去，得看剝除、失落了這些後會顯露什麼，那當中含有內在的目的的暗示，「高塔」的主題由此展開。

舉個例子，某人在推展文化藝術工作上投下熱忱的心力多年，也做出卓越貢獻，得到的名聲財富縱非有多高，但也有一個地位和成就感，他在乎的本就不是成就，而是他有熱愛、理想性。可是某次發起的活動意外地不但不受認同，還遭到強烈指責，一時成眾矢之的，引起很大風波，過去十多年來付出的心血忽然一起被質疑和否定，連品格為人也遭受重傷。他沒有因此一蹶不振，並企圖扭轉局勢，但他的思維變得跟過去有很大的不同，他接納了更多不同層面的合作者，做法比過去更放大規格，因為他把原來較狹隘的想法放大了。他變得不那麼在乎自己怎麼想，而是一樣對此有熱忱的人怎麼想，以及大眾真能得到什麼。

首先，如果沒有這個幾乎要使他身敗名裂的打擊，他恐怕看不出自己有所偏狹，再者，發生這樣的衝擊，有些人可能從此變得憤世嫉俗，或者消極而失去熱忱，最重要的是，只有很少的人能重新找到更包容而強壯的定位，但內在的目的是要引導「自我」往這個方向發展。

雖然人世經驗給「自我」所帶來啟發、成長，往往人們對美好的經驗無甚想法，享受過了喜悅舒暢，不太花腦筋去思索那有什麼意義，有些人可能會有要珍惜美好的心得，但沒有再多了，不太會因此反省、推敲自己的信念和行為模式有沒有問題，或更用意志和心力去開創經驗，因為人大多把美好、愉快的經歷當作獎賞，當作自己做得對的回報。唯有痛苦、打擊、不順遂才會讓人從中學習。大抵上這也沒錯，但並不全然，因為什麼經驗是「好」的，什麼是「壞」的全是「自我」的定義，且立於人世法則的標準上，不是內在的標準。因此，

「命運安排壞事來考驗自己」這種邏輯又太偏頗了，像「死神」、「高塔」這樣的主題，對內在而言，重點並非給予「自我」厄運、傷害的衝擊，而是更新必須要有的汰舊。

每個人在走到「高塔」階段的生命經驗時，都是已經有了更新的苗，否則「高塔」是不會出現的，這就好比已經打算好建新房子，所以非得把地基上原有的雜物或者舊建築清掉。這新房子是得建的，甚至什麼樣的新房子都是計畫了的，因為非得去建它，所以要清地基，並不是還沒有建新房子的計畫，就先把地基清了吧，然後再來想要幹啥。因此對「死神」或者「高塔」的主題正面的想法，是蛻變的新形貌已經準備好了。

做為一次生命的主題

生命經歷的主題是「高塔」的人，有可能一生多遭遇巨大的動盪災難，因為「高塔」式的災難往往是較大規模、全面性、體制性、結構性的，因此有可能是置身戰爭、連綿天災、人禍、疾病蔓延的境遇之中。

不能把這種災難式的命運解讀成可悲的既定式悲慘宿命，我已經強調過主題為何而來，一個靈魂可以選擇富裕的環境與順遂的生命歷程當作自己的生命主題，它也一定會嘗試選擇多樣化的主題。災難的生命經驗是全然不同的人世體驗與生命創造，也對其他生命有影響力。

不過我們在這裡還是得把重點著墨在面對內在已經替你先一步設定了一個——很不幸你本人可能極不喜歡的——災難主題，你該如何面對。我最近才聽一個朋友談起他的親戚不斷處於家破人亡的悲慘遭遇，這麼多悲劇不停地發生在她身上，比小說家憑空揑造還戲劇化，說出來都不像真的，周圍的人還以為是杜撰，我聽了還開玩笑（真是失禮）：「她們家祖墳是不是有問題？」我朋友沒好氣地說：「她家的祖墳就是我家的祖墳啦！」

生命歷程的主題是「高塔」給予「自我」一個很獨特的人生，然而如果遭遇特別倒楣、不幸，雖然人人都想獨特，但大抵不會想要這樣的獨特。這樣獨特的遭遇事實上是寶貴的，選擇此種主題的人，內在能獲得的增長要比選擇平緩順遂的生命經驗的人大得多，也較快速。

我父親大半生遭逢戰亂，離開家鄉終至安定下來，生活還是多所橫逆，時代的變異每個層面一波一波讓人措手不及，絕大多數的生命時光都是驚慌、焦慮、痛苦不安，只能拚著奮鬥求生存、解決困難。的確很多時候他覺得這是不公平的，但年老了他還是驕傲這些使他成為一個不平凡的人，因為他擁有別人沒有的生命經驗。

「高塔」的主題也可能使人發生做事總面臨即將成功、有所成就時，功虧一簣的情形。一個人很想得到某成就，寄望非常高，尤其是這件事在自己的人生規劃中很有份量，結果事與願違，第一次也許覺得自己做的不夠好，第二次類似的情況又發生，也許覺得剛好運氣不佳，不過永遠都如此，且往往潰敗失利（最糟的是常常不只是不成功而已，還連帶造成損傷，這損傷會持續負面的影響相當一段時間）是出於跟自己沒關係的外在原因，終究會覺得自己就是這種倒楣命運的人吧！

其實「高塔」主題的生命經驗極易使人看不見在這些災難當中必然也存在的許多美好的部分，因為災難的痛苦太巨大，承受的壓力太巨大，黑暗沉重和微小的美好比重太懸殊的關係。想要和「高塔」的命運搏鬥的人，有可能越是抱著戰勝的意志，反而越陷入挫敗的循環中。放開「好」、「壞」的想法，放開原有的目的心，順著你的生命經驗從中尋找能喚起你快活自由的事物，哪怕它再微不足道，這條路有可能通往新的局面，並沒有「高塔」主題就是跟災難、功敗垂成、事物瓦解劃上等號這回事，「高塔」的真正意義還是在蛻變。

也有「高塔」主題的人有種特殊性格，就是習慣性地靠毀壞來增長自己，他們甚至迷戀傷害、挫折、毀敗，在現世裡他們顯得有些病態，不過這也是一種人格模式，能創造出不同於常人的生命經驗。

做為大分階段的主題

有時一個人生命的某個大分階段會完全順遂美滿，也許是飽受嬌寵，也許是事事努力就有多倍收穫，或功成名就，每個層面都不出大問題，換言之，「高塔」這個主題就被略過了，它或有可能出現在下一個大分階段裡變成那個時期的主題，如果一個必要的蛻變在先前該發生而沒有發生的話。

並不是內在看不得「自我」過開心快活的日子，非得要安排一些災禍不可，也不是內在怕「自我」得意忘形，就想給他來個迎頭痛擊，而是順遂美滿不只是讓人習於一切理所當然而喪失醒覺，也會讓人不去質疑原有的信念框架，假使不去搖動一下自己的框架，它就會變得日益牢固，到了不可能打破的程度。

打個比方，一隻小兔養在跟牠自己差不多大小的籠子裡，反正牠也不愛動，過得挺舒適，飯菜都送到嘴巴前面來吃。但牠會長大，籠子還是一樣小，那就慘了，越長越大，不把籠子打破怎麼成。另一種可能是，因為籠子不打破，兔子只好不長，一輩子是迷你兔。當作寵物關在籠子裡不動，也許你覺得迷你兔就不要長大吧！很可愛。但是做為一個人，來到人世是為了擴大自己，擴大生命經驗，就不能當困在小籠子裡不長大的迷你兔。

「高塔」的災難常常崩毀的是「自我」依賴的整個生活背景，因此喪失這些、遭到破壞，就得學習換一種方式獨立，是很劇烈的挑戰。也有時這個背景不是具體的，而比較抽象，但依舊是「自我」非常依賴的東西，好比是和人相處的方式、對生活或對自己的價值或者愛情的認知，或者健康、某種行為能力等。

有一個案例是在交互作用期的主題是「高塔」，當事人在這個階段裡換過許多工作，每一個都在他任職期間發生公司倒閉的情形。一般人遇到這樣的情形恐怕只有哀嘆倒楣，說不定還被嘲笑很有整垮多家公司的能力，但對此人來說卻非壞事；交互作用期是「自我」深入外在環境，與外在世界的行為價值邏輯互動而學習建造與之融合的自我價值觀、進而找到能自我實現的方向，為了進行下一階段的轉變而做準備的過程，當事人在此一階段經歷了多家公司遭遇財務危機而力挽狂瀾失敗的過程，這些經驗對他日後能有從經營層面眼光來考量自己的發展有很大的幫助。

17 星星

迷途中發現燈塔還是追隨幻影？面對盲目依賴與迷惘的考驗

做為機制階段的主題

前面曾提過生命歷程的較早階段呈現的內向化的現象，因為在那個時期「自我」尚未社會化，內在的面向和能力尚未配合人世生活的運作與群體的價值邏輯進行分化，但隨後就會慢慢朝分化發展，學習建立自己專有的一套適合現世生存的信念體系，在一個一個主題的開展下，追求生命在人世的價值實現。惡魔階段是最高點，經過「高塔」階段後，又會將方向朝內在調整，好比說，一個在現實裡得到最大成就的人，肯定在站在巔峰時會感到空虛、少了什麼，而想追求更深切的、未必符合現世成就標準的東西。

內向發展和外向發展是相反的，當然有所矛盾，往其中一邊就得捨棄部分另一邊，在「星星」階段「自我」會朝與過去執著的價值標準反向的事物前進，但在此同時多少會有不安全感。

在「高塔」主題下發生的「失去」，並非「自我」主動做出的放棄，「自我」可能會不甘願，無法馬上找到自己的新型態，「星星」的主題含有指引之意，這個指引的方向也必然是與原先習慣的模式相反的，換言之，仍然得繼續學習放棄過去執著的模式，創造新模式並信賴之，這當然很不容易。

舉例來說，某人一直習慣了要求完美，標準嚴格，且無論在什麼場合狀況，他都應該是主角，凡事應當聽他的主意，並且一直認為自己的個人魅力是一大利器，然而他後來得到了教訓，這樣的信念被顛覆掉了，他學到這一切他都該放掉，然而接下來遇到的每件事他想用一種新的態度去面對時，都會有惶惑的感覺，好比說，已經明白了個人魅力這種事是虛幻的，不應該依賴，也不可靠，但又會驚慌地跟自己說，其實是因為喪失了個人魅力才這麼自我安慰的吧？結果非但沒有放開，反而急忙想辦法證明自己還是很有個人魅力。

「星星」的主題讓人懷抱希望，但人只要懷抱著希望，便同時也害怕希望幻滅，期待與對失落的恐懼往往是一體兩面。

從「星星」的階段開始，「自我」要邁向生命經驗的收割，將從生命經驗所收穫的事物完整納為壯實自己的成分，在這個主題之下，「自我」要摸索能吸納這些經驗，做對的運用的方向。所謂的「對」是能讓「自我」更放大、自如，而非侷限、壓抑和焦慮。

我在《神之手》中提到過內在的「星星」機制會讓「自我」在現世找到能指引自己的人，在「星星」的這個階段，「自我」雖然可能找到能扮演指引者角色的人，但除非自己能意識到缺失與需求，有意思辨自己該走的方向，否則如何辨認自己的指引者？如果方向是由別人來給，自己沒有思考能力，或者擺明了要依賴別人，這是行不通的。

做為一次生命的主題

生命經歷主題為「星星」的人，可能會扮演給世人帶來希望的角色，好比說從事發明的工作，而這種發明可給人類生活帶來重大的助益，也許是一種難纏的疾病的新藥，也許是帶來嶄新生活形態、解決過去重要難題的科技。也可能是某種社會運動的領袖，他的角色能帶給人們心靈的安慰，有如一盞明燈。

但過於把自己定位於人類希望的角色，則很可能受到許多質疑的考驗，因為人們並不那麼輕信他們的指引者，或者輕信了也很容易輕率推翻，或者一部分人全心依靠，一部分人視為騙徒、魔鬼。

生命主題是「星星」的人，也可能既把自己視為他人的救星、希望，同時對自己卻不信任，又把成為他人救星當作自己的價值而拚命朝這個方向證明自己，導致陷入危險的壓力和偏失中。

反過來說也有生命主題是「星星」的人，始終在尋找希望，永遠覺得自陷在愁雲慘霧、不美滿中，到處尋找能指引自己的人，他可能很熱中追求一位心靈的導師，也可能根本就不相信誰能給自己帶來幫助，處在自己的生活沒有希望，又渴望奇蹟發生的矛盾中。

生命主題為「星星」的人有可能真的成為世人的精神導師，也有可能只是熱中於想擔任這樣的角色。他也可能只是一個很普通的人，但卻是他生活周圍的人的指引者，換句話說他不一定非得是全人類的希望，可能是某一群人的希望，他也許會是偏遠地方的一個醫生，或者為某個弱勢族群爭取福利的人。

生命主題為「星星」的人有可能成為人們身與心的治療者，他的目的就是為人們解決痛苦，但要記得這永遠是雙方都必須努力的，而非單方面，也要小心任一單方面的傾斜，像是過分的依賴或者移情，或把責任的大部分放在某一單方面上。

「星星」也容易成為他人的精神依靠，或者行為典範。

無論如何，擔任他人的救援者、希望的寄託、被人們所依賴的人，都必須明白這是自己的信念甚至義務，因為這種依存關係是並不堅固的，如果人們依賴你，你也變成依賴這種他人的依賴，那麼依賴消失，你的信念也會瓦解，有些人會憤而痛斥他曾幫助過的人不知好歹，渾然忘了自己先前並非為了他人的感恩而做這些。

也有主題是「星星」的人有著狂熱的解救他人的欲望，卻沒有真正瞭解他人的意圖，結果純粹造成他人的困擾。

有些主題為「星星」的人具有能擔任這樣的角色（拯救者、治療者、精神導師、典範）的氣質，卻沒有足夠的能力，或者過分相信自己給人的指引是對的，其實卻太主觀，因此「星星」的主題除了對他人的影響，「自我」的探尋、增長、成熟更為重要，並且要謹慎、警覺地意識自己對他人有這樣的影響力。

做為大分階段的主題

大分階段的主題為「星星」，在此時期有如置身黎明前的黑暗，多半籠罩著諸多困頓，或者迷惘、備感壓力、受傷……，該注意的就是「星星」所指引的方向，幫助自己走出黑暗。

如果注意力集中在黑暗的事物上，就看不見「星星」，如果過分專注於抬頭看「星星」，則走路豈非會撞到石頭、摔到坑裡？而究竟哪顆星真能指引自己，又究竟是指引自己走到哪裡，不能不用自己的腦筋想，所以在這個主題下，三件事情是同等重要的：置身的處境、指引的「星星」、自身的前行。

常常困頓的處境一籠罩，好像所有事物的陰暗都一起發生，好比說財務的、健康的、人際關係的等等，一併愁雲慘霧，此時能給予安慰、支援的人，自然而然就被當作「星星」，這是應當要提高警覺的，因為困頓和脆弱而需要有人給予安慰、支援，因此發生愛情，且很容易把依賴、無條件的信任、全部的情感重心，都放在這個人身上，結果愛情也演變成痛苦困局的一部分。

大分階段主題是「星星」，也有可能遭遇的是一連串幻滅的經驗，有一案例是當事人本身條件很好，也懷抱很高的理想，擁有不錯的愛情對象，但事實上每一樣都虛幻不實，以致於充滿艱難。此人完全活在自己打造的美麗泡泡裡面，無論是對自己的認知，對自己想達成的夢想，對愛情的態度，全都排斥落實的想法，談論這些事時她總是滔滔不絕，描繪得美麗斑斕，然而一旦涉及對現實的認知，她就開始抵抗踏實的做法，堅持在雲霧裡頭不下來。她始終懷抱希望，但希望似乎等同於幻滅。其實她的希望並非不能實現，但她必須認知希望永遠是高掛在天上的星，不是具體的結果，星星能指引目的地，但要到達那裡唯有靠自己的腳。

如果大分階段的主題為「星星」，是成為他人的指引者、帶給他人希望的人，那麼要注意這過程相互的映照，你所指引、協助的人，同時也是指引、協助你的人，要留心從你所指引的人身上看見自己，切不可就以高於對方的心態自居，也絕不能以為自己指引對方該做的事、該走的路自己也做得到，有時你給予對方解決難題的答案，你將也會面對同樣的難題，而自己不見得能運用自己提出的方法來克服。

「星星」所代表的希望，並非具體的解決事物困局的答案、出路，並非一把通往光明的鑰匙，它其實就是抽象的、不實質的希望，但很多時候希望有更強的力量。舉個例子，有時人陷入陰慘的遭遇而呈現負面狀態時，指使他該怎麼做較好，不一定是他能接受的，也不一定對他是有效的，甚至不一定是對的，但如果能將正面活潑、開闊沉著的氣息與力量傳遞給他，能造成更好的驅動力，更能達成改善現狀的效用。

18

月亮

這世界不值得愛和信任？轉化負面陰影的考驗

做為機制階段的主題

事物有表裡，有光面和暗面，有看得見的一面和看不見的一面，假使有棟房子在你前面，你會想那後頭有什麼被房子遮住了，而不會認為因為房子後頭的事物你看不見，那麼房子後頭必然沒有東西，這是很明顯的一件事。然而人的自滿卻會讓人以為他沒看見的東西就是不存在，如果抱著這種心理，世界就變得很小，假設你認為你沒看見的東西就不存在的話，那麼你現在坐在一個臥室裡，你只看見你的房間、窗外的部分東西，豈不整個宇宙就只這麼大了？

盡信與不信其實是同一回事，若人只相信其狹小的感知和能力與侷限的方法所能證實的事物，真的能就此完全滿足無虞，那麼懷疑也不可能繼續存在了，但事實並非如此，人還是會問看不見的事物是什麼、事物是否真如其表象？

人怎麼知道他看不見他沒看見的東西呢？人怎麼覺察他並不曉得他不知道的事情呢？這是很有意思的事。「高塔」的階段帶來破壞之後，在「星星」的階段墮入黑暗而尋求光明指引，而黑夜的危機感帶來恐懼和懷疑，但這正是能使人能突破自己的力量。

懷疑同時具有傷害性和建設性，傷害性是必須付出的代價，更要提防無法將懷疑轉為建設性。同時，黑暗也存在「自我」之中，尤其是在「月亮」階段，外在的黑暗不妨視為來自內心的顯化，面對「自我」心中的恐懼和陰影，實質具體地與之接觸。要尋求生命經驗與自我發展的成熟，必定得處理「自我」所迴避正視的陰暗的部分，這些部分可能很強大，某種程度它會阻礙「自我」的成熟發展，但它也可能創造「自我」不同方向的爆發力，這些陰暗並非潛在的畸形物，而是伴隨光投射下的影子，陰影使事物變得立體，沒有陰影的話，事物看起來是平面的。

因此認知「自我」的黑暗面是必須的，但無法消滅它，而是得轉化運用。

好比說一個人有著很強的報復心，但他的理性一直把這處理得很好，他不會被負面的心態淹沒，能有效地控制，且大抵上不為這所困擾，他從生命的閱歷學習成長許多，更覺得自己走向坦然豁達，越來越不受世俗的價值觀所拘束，然而事實上他並沒有真正面對自己這個陰暗的部分，也未曾真正處理它。他漂亮地走過「節制」的主題修正了自己，走過「惡魔」的主題發揮自己的潛能獲得在人世的價值滿足，走過「高塔」的主題接受蛻變的洗禮，走過「星星」的主題虛心尋找自己的方向，並毅然走向目標，但是在「月亮」的階段他面臨的動搖和懷疑卻是空前的，不只是他發現報復心始終很真實地存在，比其他正面的力量都強大，不只是開始懷疑周遭的人對他懷有敵意、傷害性，連帶對自己從「節制」以來所醒悟的事都開始懷疑。

這負面的力量很強，它不可能被抹煞，企圖掩飾、壓制，只會遭致更強的反彈，轉化它必須要先接受它，在「月亮」的階段，可能將負面釋放出來，呈現陰暗而具有損壞力的思考和行為，也會被同等的力量、經驗所損傷，這個過程有助於將這力量帶往轉化的層面。

做為一次生命的主題

生命歷程的主題為「月亮」，有可能是個強烈的懷疑論者，而這可以是十分有建設性的發展，無論是在科技、醫學、哲學、基礎理論等層面，都能創造出有效的突破、建立新的里程碑，因為這樣的人永遠對現有的成果、結論抱持懷疑，尤愛推翻被公認為斬釘截鐵的事實或者完全不可能的事。

但是懷疑是進步之母，懷疑論者卻未必就是一個會打破沙鍋求取答案的人，主題是「月亮」的人不表示他就同時有強烈的探索真理的慾望。同樣的，生命主題為「月亮」的人可能成為偏好神祕事物的人，但他未必會成為睿智的神祕主義者。

正因懷疑不見得伴隨探索、尋求答案，主題為「月亮」的人也很容易成為盲信者，因為他對於明顯的較為明智的事不信任，對一般人認知相信的事不信任，反倒轉而去輕易無條件相信不合事理的事物。

要注意懷疑是一種很好的動力，但不視為動力加以運用，而只濫發這種負面的特質，就只會製造負面經驗。

生命主題是「月亮」的人很可能總是處在人際關係中充滿猜疑和互相傷害的狀態，面對這樣的處境是他的人生課題：關於他如何因應，用怎樣的心態來面對和處理、如何在其中創造自己的生命經驗。生命主題是「月亮」的人也有可能遭遇慘痛的或經常性的被出賣、背叛，他可能總是面對信任危機，並質疑誠實、無私、友誼的存在。

一面倒的懷疑心態會全面性侷限生命經驗，也就是說，如果心中越發堅定地相信沒有誠實和無私，現實中就不可能存在誠實和無私的跡象、實例。

「月亮」主題的人對人性往往抱持負面想法，但處於這樣狀態的人，也一定會存有對真誠、信賴的渴求，他們往往會創造出一些生命經驗來考驗自己是否真能消解掉自己的懷疑和不信賴。如果一個對人性抱持強烈懷疑與負面思維的人，終於解開這種成見放開心胸，結果又是遭受傷害和背叛，很可能企圖改變的心念從此瓦解。其實強行要「自我」去相信人性是善或惡完全是無意義的，唯有接受人性的多樣化。

也有生命主題是「月亮」的人，總是扮演群體裡找麻煩、提異議、因其不信任和多疑而嚴重破壞組織效率的角色，雖然他們有時不休止並極端偏執地提出反對、挑毛病、對一切否決的行為提升了事物進行的完美程度，但大多時候只是令人頭痛、沒有建樹，只有無盡的妨礙、拖延，他們往往看不見事情好的一面，只焦慮於可能發生壞的情形。和這種人共事非常痛苦，但他們的意見並非完全不能聽進耳，他們雖然不易溝通，但若能理解他們的恐懼和不安全感以及其自我防禦的心態，仍舊有助於讓合作較為順利。

此外，「月亮」有陰影、不為人知、檯面之下的意涵，因此主題為「月亮」的人也有可能對隱私有特別的神經質，或置身隱私被揭發的危險（隱私被揭發會帶來不利以及保護隱私是他的困擾和難題）。

做為大分階段的主題

如果是童年或青少年時期的階段主題為「月亮」，可能會從家庭、同儕關係中被排擠、傷害的經驗養成出防禦機制，這會塑造出一種相反的兩種行為態度，冷淡、內縮，或者強悍而激烈。很多大分階段的主題發展若沒有完滿融合進生命經驗，而呈現負面的失衡，所造成的偏失多半有延續性，這些態度與日後其他大分階段的主題也相互影響，因此我們常常在談某階段裡的一個主題時，其實不妨想想它並非是單一一個主題的作用。

大分階段的主題為「月亮」，表示「自我」需要借助內在的懷疑動力，或者處理負面狀態的能量。大分階段的「月亮」主題帶來的大抵不會是光明欣悅，而較多是陰鬱猜忌，可以見得假使大分階段的主題是「月亮」，釋放出相當的負面的能量是有其必要性的了。很多人在生命歷程的諸多階段都沒有消融失衡狀態，累積的負面能量都在晚期的大分階段變成主題，晚年的主題為「星星」並不是一件令自己跟周圍的人愉快的事，我深以為一個人想要自在健康的晚年生活，最好多花些心思去面對每個當下自己的負面心態、不愉快的失衡，以免這些陰暗的成分越發黏稠難解，堆積到往後的大分階段去。

陰暗的「月亮」主題可能讓人因為不信任和自憐而變得暴躁或者脆弱，可能喪失積極心也可能生出強烈但扭曲的積極心，但「月亮」的主題重點在於將負面心態轉為正面力量，在機制階段中它居於「星星」之後、「太陽」之前的位置不是沒有道理，「月亮」主題能提供的增長是重要而強大的。在「月亮」主題中，從學習保護自己到變為學習寬容，找到信任的方法，以及超越猜疑和負面現實的困境，只有能克服心中的陰影才能走向更健全的「自我」。

19 太陽

真單純還是假超脫？擴展自己獲得新生的考驗

做為機制階段的主題

「太陽」是成熟的階段，吸收的所有生命經驗都成為增長自己的有效成分，其中的衝突、對立、迷惑、猶疑被消解了。「太陽」階段的主題，重點在於新生，是蛻變的成果。

生命走到「太陽」的階段，是經過了見山是山，見山不是山，來到見山又是山的境地，而再次見山是山，已是全新的眼光。人生會經歷好奇某事，想望某事，執著某事，為了某事百轉千折，困在對某事的執念中掙脫不得。終於學了智慧，能掙脫了，不再受羈絆束縛，得個自由。而來到「太陽」的階段，是已經放下了，很多人會以為放下就是不再執著，所以不該、不需再拿起來，甚至好不容易放下，害怕再拿起來又受苦，其實「太陽」的主題是得到真自由，曾是執念的東西，不需恐懼再去拿它，你不會再束縛，已經是拿起放下隨心自如的狀態，能享受擁有之樂，也能安於沒有的輕鬆。

「太陽」的主題不是老僧入定的安詳，而是新生兒的喜悅活潑。像新生兒般單純澄澈，回復到新生兒的好奇、熱切之心，但實際上已經累積了豐富的人生經驗，並非無知、自我中心的那種簡單幼稚。有人以為生命走到成熟的智慧就是飽經風霜之態，其實會蛻變成如天真赤子般。

我在談外向拓展期時的某些階段時曾提到「自我」在那個階段初探外在世界，有初生之犢不畏虎的天真勇氣甚至霸氣，以及好奇的衝勁，在「太陽」階段也會帶來同等的勇敢、好奇、活力，但與外在拓展期自我中心的無知不同，是已成熟的活躍自在。

事物走到「太陽」的階段，是柳暗花明又一村。也就是說，一件事的進行，可能剛開始時讓人興致盎然，覺得大有可為，中途則經歷各種波折，起伏跌宕，做過各種修正、重新定位，時喜時悲，有時感覺不錯，有時卻進一步退三步，逐漸變得無法確定究竟值不值得、對不對、該不該繼續了。然而所有的付出，途中曾經發生的所有遭遇，都是有意義，都無形地讓此事臻於完美，只是成果展現前無法有洞視全局的眼光罷了，可能就在認定失敗，也許是放棄或無法挽救的時刻，撥雲見日，以全新的面貌呈現出令人欣喜的美麗成果。往往看到這結果時有點令人感慨，因為它看來如此簡單，好像它一開始就該是這樣似的。

我見過很多廣告、設計成品，看起來非常自然、不繁複、渾然天成，感覺像是作者第一個就想到的、完全不花力氣、理所當然的結果，它看起來太恰當、太自如了。然後整個創作團隊搬出來他們努力的過程的紀錄，有幾大巨冊。也有時候曠日費功做出來的成品，跟第一個想到的極為相似，甚至一樣，但它是經歷無數質疑、推翻，做過各種離開了很遠的方向的修正，最後回到原點，證實最初的想法是最好的。然而中途的努力絕不是白費、無意義，因為這最終的成品不再是最初那個簡單的東西，它背後被賦予了寬闊、周全的巨大思維和經驗，它更具力量去迎接挑戰，因為它通過了無數質疑和挑戰。

「太陽」意味新生，而這新生也代表重生。

做為一次生命的主題

整個生命歷程主題為「太陽」的人，其生命經驗會帶著「太陽」的開朗基調，或朝「太陽」的新生活力的屬性發展，但並不表示其一生的經驗歷程都是光明、活潑的，主題為「太陽」也跟任何其他主題一樣會歷經波折、困頓和陰暗。一個生命歷程主題為「太陽」的人，可能天生樂觀、單純、性格坦率，但也會有抑鬱、軟弱的一面，說不定在某大分階段甚至一改個性，發生陰沉或逃避現實的狀況，但這是為了體驗不同面向的生活經驗，有助於「自我」更成熟。

主題為「太陽」的人也可能不太依循世俗、規範守則，但並不是存心叛逆，比較像孩子氣地沒有把守則、制約、規範嚴肅地當回事，而違反世俗守則不會真的帶給他們困擾，因為他們心中的尺度就是比這寬大許多，他們往往一笑置之，或者用自嘲的態度應付。

生命主題為「太陽」的人未必一生光潔無暇，他也可能曾有不符合世人正當價值標準的汙點，犯下錯誤，但他本身的坦率態度，尤其是他在發展較成熟的狀態之時，他不會因這些行為受人質疑。

然而也有可能主題是「太陽」的人，卻生來天性內向、封閉，或者初始的環境裡充滿令他不安、懷疑、封閉自己的氛圍，或者其生存的環境、條件極為不良、嚴苛，那麼因為生命歷程的主題是「太陽」，在此主題下他必須將自己帶向寬廣、包容、自由喜悅的心態，過程可能比普通人更辛苦，但都會成為更好的經驗素材（養分）。

生命經歷的主題為「太陽」的人，也可能是個簡單之人，一生經歷極為單純，他可能只是過著最粗糙素樸的生活，沒有受過太多教育，日出而做日落而息，平凡不過，生命中或經過大風大浪或無波折，而他僅僅是依順著自然，依順著簡單的心，他說不出什麼大道理，也不覺得自己有智慧，但他的平實裡有豐富，有飽學之人沒有的洞察，而他們經常露出孩童般無心機的笑容。

就如《北風和太陽》的童話，與北風的恐嚇威脅相比，太陽的和煦溫暖更能服人，主題為「太陽」也可能擁有或者發展出寬大溫暖的氣質，具有能聚集人心的魅力，但相較之下主題為「皇后」亦有此氣質，而「皇后」的此一特質可能使其成為領導者，受人擁戴願為其效忠、服務，「太陽」則是引發人的親善、傾慕、孺慕之情，好比說他可能會是一位老師，而特別受喜愛、崇拜、信任、愛戴。在團體中他也可能是一個讓人能不由自主信任、依賴的人。

主題為「太陽」的人若未完美實現「太陽」的成熟與新生，有可能只是在生活中沉浸於「太陽」的假象，好比說相信自己的心思單純、寬大、自在，但實則不然，反而是逼使自己壓抑本性，裝作單純、寬容、超脫，這不但無法朝真正的「太陽」狀態發展，反增強了偏執的意識型態而不自知。

做為大分階段的主題

大分階段的主題為「太陽」，如果是發生在晚年的時期，且能發展得順利，那麼會是非常美好的晚年生活，從容自在並充滿歡悅。老年因體力走向衰退，未來期望減低，社會貢獻趨微，易讓人陷入沮喪消沉、喪失價值感，自憐，並恐慌健康的損壞，恐懼死亡和失去，而「太陽」的主題會創造出活潑的好奇與生命力，以及富有朝氣的身體狀態。

童年期主題為「太陽」，多半是爽朗、無心機的個性，好奇心強，對簡單的事物也興味盎然，這些孩童可能會特別喜好自然裡的昆蟲、動物，與別的小孩相處顯得大方開朗，他們精力充沛，但不是過動或精神亢奮，而是有一種熱切的專注力。

但童年或青少年期的主題為「太陽」並不盡然使他們後來的生命歷程較成熟順暢，有時甚至相反，「太陽」是一個較成熟智慧的主題，在過早的大分階段發生，反而引起後來的某些不適應，這也是對「自我」的衝擊和考驗。好比說早年的時期主題是「太陽」的人，太自然對周遭抱著正面的態度，過於無條件地寬大、樂觀，以致於面對負面的環境和人際關係時無所適從，或者因全無防禦機制而遭受傷害。本身早年的大分階段主題是較為負面的「高塔」、「月亮」等的人，會無法容忍早年大分階段是「太陽」主題的人。可以說人的生命經驗之所以能那麼變化豐富，多彩多姿，也就是因為生命歷程的各階段不同主題的人遭遇在一起，會起微妙複雜的效應。

壯年時期、轉捩時期的主題為「太陽」的人，將會在這時期體會到「太陽」的活力與魅力，以及此一主題帶來的歡快、自由感，有些人在此階段會覺得自己的靈性有所提升，但可能在「太陽」的主題結束後，又發生執著、拘泥、焦慮的現象，視「自我」的發展及下一個主題而定。

此外，大分階段主題為「太陽」，可能會是一場回歸初心的課題，好比說當事人做某事、進入某領域、展開某種生涯，最初曾抱的單純之心逐漸在追求目標、精進、成就的過程消磨、扭曲掉，可能在這一階段經由某些遭遇而找回。也有人在這一階段會歷經某些事而對生活、生命改觀，重拾對生命之單純喜悅的體悟，面對新生兒的出生也可能會是其中一項經驗。

電影、小說裡描寫浪子回頭之人，在經歷一番慘烈與風霜之後重新做人，開始新生活，但必然會遭受許多舊日之惡糾纏干擾，可能種種往日外力又來將他往回拉，或者殘酷現實考驗他更新的信念，這些是「高塔」、「星星」、「月亮」的階段，但若能通過，進入「太陽」，就真是撥雲見日的新境界了。

20 審判

宿命的安排不可違抗？審視查核自我偏失的考驗

做為機制階段的主題

以一世的生命歷程而言，「審判」階段已接近終章，這時檢視過往的生命經驗，許多時候在當下是看不清的，也不可能有結論的，是無法以將它放置於全局中的眼光觀看的，但回頭再去審視，它必然有了不同的意義，不只是那經驗本身，還有它被安放的位置，它當時如何被處理以致於發生什麼樣的影響，扮演了生命歷程中的什麼角色，這些都只有在回顧時才能浮出它不同的質地來。

尤其是生命每個階段的主題，此時也都清晰了，那些主題是如何呈現的，如何被發展的，朝怎樣的方向發展的，發展得是否完全？是否和諧？是否偏失？是否根本就一敗塗地？唯有一個全盤檢視，才能拼出此一生命歷程的全幅景象，一切意義都變得鮮明。

然而並非在「審判」階段「自我」就會開始細數當年，自行給自己尚未蓋棺的論定，很多人在這時候確實開始不厭其煩細數當年，但這只是陷入懷舊追憶，甚至還扭曲了記憶。內在於此階段會回溯各階段的歷程，「自我」因此受影響也無意識地開始反覆翻閱過往，但如果過往有些階段並未適當發展，達成平衡，那個主題可能卡住並嚴重傾斜，變成一個死結，那麼在此審視全局的階段，「自我」會陷溺在那個裂縫中無法動彈。

在「審判」的主題下，生命經驗的回顧會以具體或隱喻的方式顯現，提示「自我」心態上的某些劃地自限或偏頗，可能是某種身體能力的喪失，好比說，一個人逐漸失去了視力，這投射出他過往的生命中，頑固地堅持某種偏執，以致於拒絕去看對他而言真正重要的東西。也或許是其他的事件、經驗、生理現象等。

至於一件事的進行走至「審判」的階段，其內在的機制也會檢視先前的發展每個環節是否達成了必須的作用，也就是事件內每個機制階段的主題是否良好展開，如果有偏失，整體主題沒有達成，「審判」的結果就可能是重新再來一次。有些人的生命經驗會有重複模式，一再重蹈覆轍，同樣的遭遇一而再再而三，就是因為每次都沒完成主題，沒有習得該增長的事物，以致於又重複發生。好比說不斷重複愛上完全不適合的人，重複發展相同的過程模式而完全不思原因。

另一值得注意的是，在「審判」階段內在的成分會與「自我」發生實質的接觸，「自我」有時候會陷入無法區分現實與內在世界的差別。舉例而言有些人在晚年時會發生回憶、幻想、非現實時空、內在對話、與內在人物接觸等和現實的界線泯滅無法分辨。

「審判」也是評定生命經驗的創造、發展是否已足夠，是否到了可劃下完美句點的時刻。

做為一次生命的主題

「審判」的執行是法官的工作，生命經歷的主題為「審判」的人，有可能真的成為法官，但是此一主題的重點並非在於判決是否合乎正義，擔任法官這一生命經驗與「審判」主題的連結是建立在他覺知一己做出的論斷足以對他人做出處分（握有生殺大權之意。不一定是法官，凡具有審定、核准某事之權力的工作、位置皆包含在內），這是意義重大的影響，而過程的思慮涉及情理法，採取什麼樣的角度是要考量犯行者的狀況以及環境，倘使做為法官所創造出來的種種經驗、遭遇各種事件的面貌，並非環繞此一課題，而是別的，諸如公義為何、利益糾葛等，或他對這些毫不關心，而只專注在私人層面的事物諸如愛情，或娛樂，或特殊喜好、家庭生活、人際問題等，那麼即使身為法官，他的生命主題或許並非是「審判」。

也有些生命主題是「審判」的人，變得執迷於宿命論，認為人身上發生的所有事都與因果業報有關，雖則生命歷程確實有其巧妙的環環相扣的運行機制，但不能扁平地簡化，一旦簡化幾乎就等於完全錯誤、扭曲，抱著這種邏輯不但會使生命的主題一一失衡，同時不相信自己有創造生命經驗的自主權，也不相信人世生命有完全的自由，因為每件事都要放在因果報應的邏輯框架中，徹底束縛了自己的創造力量。

能良好審視事物彼此間的關係，尋找細微的邏輯，推究出生命的真理是一種智慧，生命歷程是「審判」的人有可能熱中於事物的因果關係，這使他成為一個能推動高效率行事、擅長從前端推敲結果的人，無論運用在何種範疇，都很有助益。然而生命歷程的主題是「審判」的人，也可能極執著於檢查事物執行的過程和結果，以致於變得吹毛求疵，或過分耽溺於怎樣的做法會遭致怎樣的結果，變得食古不化，或堅持要把事情的疏失或不良結果歸咎到某個環節、某個人身上。他也有可能會過分苛責自己，總是覺得自己的做為不夠盡善盡美以致於帶來不符期待的結果。或者他對自己的要求標準嚴苛，慣於對一件事不斷要求重來。

生命歷程的主題為「審判」的人，也有可能生命經驗致力於揭發、挖掘某事的真相。要注意的是此一主題之經驗，重點在於過程，「真相」二字其實是極為曖昧不明的，尤其是需要去揭發、挖掘之事，都不會是能以簡化、扁平眼光看待之事，而人世間的事物沒有絕對性，都附加了人的認知角度。

做為大分階段的主題

「審判」的主題如果發生在較早的大分階段像是幼年、兒童時期，可能有較強的宿命論色彩，當事人的生命經驗也許與自身的生命或行為給他人帶來好運或災禍有關。好比說有些人的出生是為了給家族消解厄運，或者相反，有些人的出生被視為帶來厄運，或者有些人的出生被解讀為前世的生命經驗造成的結果，這使得當事人在童年生涯就被迫以一種特異的眼光看待自己的價值。也有人在童年時期不經意做了某些事，卻造成對他人命運的巨大影響，諸如直接或間接釀成災禍，或者影響了某個至關緊要的決斷。假使這造成對當事人一生的影響，他始終在這個陰影、罪咎或者虛幻的價值魔魅之下徘徊，可能「審判」就是他整個生命歷程的主題；假使只在童年的階段有直接的影響，之後雖仍可能籠罩在這氛圍之下，但大分階段的主題明顯轉變到其他主題上，那麼童年時期的「審判」主題則可能是助長了他養成獨特的性格、價值觀，或跟此有關的某種心理機制使他變成特別強悍或特別脆弱的人，並對命運有他自己的見解。

若之前的大分階段發生嚴重的失衡、負面偏失，接下來的大分階段為有助於改善這些偏失而設定的主題也都沒有能好好達成，那麼有可能遇到大分階段的主題為「審判」，「審判」的主題有警惕之意，為了喚醒沉迷的「自我」。好比說陷入嚴重的行為偏執者連番遭到重大的災厄，直至「自我」能找到改變的方法為止。「自我」必須明白這並非單純的「我要變好」，而是得找到自己心靈失調的部分，這是前面一連串主題偏失的結果，只致力於強行去做表面上好像使自己「變好」的事是沒有用的，是不是無法平衡自己的心靈和外在世界的關係？是不是建立了錯誤的與現實的價值邏輯依存的框架？是不是情感的成熟度無法達到足夠的分化（足以應付世俗的人際關係）？是不是不夠堅強無法建立或遵循心中的一把尺？不去解決根本的問題（某個主題的重大偏失），便無法重新調整生命的方向。

大分階段的主題為「審判」，還有一個可能是會面對思考生死與回顧一生價值的問題，也許是自身身上發生某些遭遇，好比突然發現得到重病，或確實就是餘下生命有限的不治病症，也許是周圍之人面臨生死問題，或者相繼面對重要之人的臨終狀況，或者在這段時期內總是不期遇到跟此主題相關的事物。好比說剛好看到跟不治之症有關的電影、遇到從事處理人後事工作的人、認識的人面對臨終問題等等。面對此一問題所帶來的啟發是思索生命所能提供的滿足為何？對於人世能與不能割捨的事物為何？尚未完成而無法放手的事物為何？

大分階段主題為「審判」也可能遭逢死而復生、失而復得、沉冤昭雪之類的經驗，被宣判、確定為無望之事奇蹟轉圜，「自我」從這樣的經驗上可體會事物並非百分之百受限於現世邏輯，內在具有一超越的力量，其取決於「自我」與「本我」協調的信念。

21 世界

沒有歧異、對立哪來和諧！超越藩籬、建立宏觀的考驗

做為機制階段的主題

「世界」意味著完全完滿、整全，知識、真理包含於其中，與實質的體驗達成融合、一致，永恆的生息在終極的和諧中運行。這是生命歷程中最後一個機制階段的主題，旅程到此將劃下句點。就像參加一場精彩的活動到了尾聲，天下無不散的筵席，你知道它不可能不結束，而你會明白你不是為了這最後一刻，而是整個過程，你不是參與它，你本身就是整個過程。

若是在「太陽」的階段調和了各種內在信念的矛盾衝突而新生，在「審判」的階段釐清了生命各個環節賦予的意義，釋放掉其實並不真實的痛苦、恐懼、創傷、失去，「世界」的階段便是一個圓滿的狀態，旅程自然劃下句點，如河川入海，雲化為雨一般，否則便會拉

扯、掙扎，對於旅程的結束感到恐慌驚懼且不明所以。

某件事的進行、生命旅程裡面的單一的小的旅程來到「世界」的階段，也是面臨結束，它是先前過程中每一微不足道的水滴匯聚的結果，不管是「自我」精心的、不經意的，或者自認為非本意結果那麼做的，「自我」認為那根本是外力的，和他人好或壞的互動造成的，都是其中的一部分。

結果並非一個點，一個單一的呈現，而是事物的每個成分的整體，不管是可不可見的，旅程的終點呈現的是旅程的全部。

在「世界」的階段，「自我」意識到表象的成功或失敗並無意義，一切在每個行進瞬間已完成，是以每個當下即其整全。能體會「世界」的主題者，此刻能理解活在當下之意涵，在先前的某些階段，「自我」也能領悟感知即全部，享受物質世界中以感官來創造經驗之豐盛，但感官認知事物與覺知抽象真理是兩極相背的，而到此階段，兩者卻能結合，從當下洞見永恆。

有些人能在開悟或心靈清澄的狀態感受與無限的時空融合為一，這是「世界」的境界，不過我想說的是，我並不認為生命的旅程是在「追求」某個（彷彿是特定的）境界，生命的旅程本身就是最奇妙、博大、光燦的創造，而這旅程的美好也在於吸納了各式各樣風景。不需要為了任何單一的、可敘述的，或者「崇高」的目標，也不是為了這種目標而去執行的產物。有的人的生命主題是設定為追求高程度的靈性境界，但請記得不是所有人的生命主題都一樣。沒有任何一個生命或無生命真正脫離它意識的本體，所有事物都原本就在終極本我的懷抱中，回歸原點是必然的，誰都一樣。我們不是在為了一個目的地奔向終點（何必呢？誰都會來到這個終點），我們是為了創造過程而展開人世的旅程的，不能本末倒置。

而在生命旅程中和內在融合的目的是為了擴展「自我」在人世創造生命經驗的想像力與力量，並非那就是「自我」生活的目的。「世界」這一階段的重要性是呈現了「自我」如今已是更加擴展的面貌，它包容了衝突、對立面，同時具有豐富的面相，眾多不同位置的角度、眼光、思維都和諧融合在一起，最奇妙的就在於，這和諧來自於原先的對立，若非吸納了極端相反的面相，不可能得到全觀。

圓滿一詞本身即有結束之意，也意味每個階段的、單一的主題的圓滿發展、完成。

做為一次生命的主題

生命主題為「世界」的人可能喜好追求較大視野的事物，天生有一種全觀態度的興趣，好比說孩童時代，如果對花草樹木著迷，他可能著迷的是整個植物世界的豐富、奇妙的變化法則、深邃的神祕感。好比說如果對歷史有興趣，他可能不只是被單一的歷史事件故事的趣味所吸引，而好奇這些歷史相嵌合而成的版圖呈現的圖景。假使這個人喜歡旅行，他傾向於大範圍規格的壯遊而非單點的駐足。不過他並不會因為拉大旅行的幅員範圍而流於膚淺的觀察，因為他的欲望是將每一地的縱深串連起來。

生命主題為「世界」的人，他的思考方式也傾向於體系式的，他習於用全觀的眼光看待每件事，他重視的是這件事在整個系統中的位置和作用，假使他是一個政論家，他的政治觀點不會是局部地，單一地去討論一個現象、事件或行為，而必然是要從整個制度、大的環境甚至歷史、文明的眼光來探討。他可能從事任何領域的工作，也可能並非任何專業的人，但他總是傾向於用整體的、拉高、全面性的角度認知、理解事物。

生命主題為「世界」的人不喜歡侷限性的思維和態度，因此他較不會有封閉的、單一的、偏狹的意識型態，他絕不會是一個國族主義者或宗教狂熱者，只認同、肯定、接納合乎某種條件的人而排斥其他的，或自己去創造某種抽象的東西來分類、區隔、詮釋人，這對主題為「世界」的人來說完全是不可思議的事。

主題為「世界」的人，可能從事與整合有關的工作，他可能擅長整合人力、資源，把對的人事物放在適當的位置，他總能自然地看清全局，心中有完整的版圖，他懂得調解其中的衝突、紛爭，擅長以安排適切的平衡消弭，讓每個成分發揮最大效益，他能納進看起來不相容的事物，達成奇蹟的效果，他能找到遠在千里卻可以整合進來的環節。

生命主題為「世界」的人可能從事各種無國界組織的活動。此外，「世界」意味著終極的和諧，生命主題為「世界」的人，也可能致力於消弭各種對立的運動。

主題為「世界」的人因其全觀、融合與接納的心性，也可能有長足靈性的發展，但這便是其圓滿，他可能樂於與他人分享，但熱中於把這種境界推銷給他人就非此一主題的屬性。假使一個人自己認為得到高妙的境界而希望他人也能得此奧妙，也許他的主題是擔任他人的指引、導師（諸如「隱士」、「星星」）而非融合和接納他人，那麼其主題就不是「世界」，強行要別人接受這種境界就離得更遠了。

生命主題為「世界」的人也很有可能原本的個性內傾，或者置身封閉的環境，而他的生命經驗是將他從象牙塔中帶出，進入廣大開闊的世界。好比說一個耽溺的藝術家因其機遇擴展了生命經驗，意識到原先自身的貧瘠，而徹底改變了他的關注眼光與藝術風格。或者一個原本生活在狹隘天地，充滿自艾自憐，認為用利己主義的態度來報復世界的不公是理所當然的人，因其生命給予的種種遭遇經驗，重新建立了迥然不同的信念和價值觀，他可能有了一種博大的關懷，或者超越各種成見的信仰。

做為大分階段的主題

大分階段的主題為「世界」所帶來的生命經驗可能是有關於感受、追求和諧圓滿以及意識其價值對自身的意義。好比說一個人在先前的階段太過執著於狹隘的欲望、成就的追逐，把自己束縛在那樣的壓迫感裡面，內在可能給他「世界」這個主題，讓他在這個大分階段裡明白到更寬廣的和諧能帶來什麼不同的東西，他可能發現家庭關係的圓滿和諧具有更重大的意義，或者他可能發現在群體裡面爭取更高的權力或利益所帶來的成就和滿足，並不如換個眼光理解與看待他人、發現自己最無法接納、認同的人其實全都和自己是相似、一致的，這樣的氛圍、關係、互動模式能帶來的舒適感勝過劃分派系、彼此鬥爭來鞏固自己的地位。這不是不能做到或者不可能存在的事，而這帶來的穩定、平衡能消除他原本緊繃的不確定感、懷疑和恐懼。也或有可能他原先的意識型態在一個很小的範疇中，一心一意把自己和外在世界的關係理解為一種互相排斥的模式，而在這個時期裡他可能被某些事件或環境的改變引領到另一個較高、較大的視角去，領悟到原先堅信的狀態是毫無道理的。

大分階段的主題為「世界」也可能把一個人帶進與他原本認知的價值標準相反的經驗，或者是一個與他原本的生活模式、習慣、文化大相逕庭，或他徹底無知、不曾瞭解過的領域，好比一個養尊處優的人因某種機緣而進入一個極為貧困、悲慘的環境裡生活；或者一個激進主義者、強烈的偏執派，不期然於一個平和、溫厚、悠然的國度展開一段生活；也可能是一個向來對資方抱著高度不滿的勞動階級，意外變成了高階主管或組織領導。換了位置必然需要換個眼光，這不是你的本質或信仰變節，你站在地面朝上頭看時得仰著臉，你上到樓頂往下眺望不可能依舊抬著頭，反之亦然。人沒有實際置身對立面，不可能領會那是截然不同的思維，因此擁有對立的兩種經驗才能建立成熟的全觀。

「世界」的主題與完滿有關，大分階段主題為「世界」也在於讓當事人找出屬於他自己完滿的定義，多數人以為完滿意味美好、周全、成功，但一個人可能從完全相反處——不完美、缺陷、失敗、失落中找到對完滿的體會。我想到Lady Gaga的一首「Born This Way」，中文譯做「天生完美」，教人愛自己原本的樣子，每個人以他自身獨特的方式美麗。接納自己的缺陷、看待自己是完美的而打開自己的心和眼，淋漓盡致地發揮自己，創造自己的生命經驗，來取代懊悔、怨嘆、遺憾，是需要學習的事。

大分階段的主題為「世界」也可能關於一個人從一個小而簡單的地域帶到廣大的地方

去，他必須換一整套能容納更大相異性的環境的眼光和思維來面對。好比說他離開一直生活的小鎮到大城市發展，或者到相對開闊的不同的國家展開新生活。

大分階段主題為「世界」的人，也有可能在此一階段處於周遭各種勢力對抗，或充滿紛爭衝突的環境，而他的角色必須從中找到和諧之道。

認識自己後的再出發

在《神之手》中我曾提到為何吸引力法則沒有用這個問題，吸引力法則本身是成立的，外在經驗本就是「自我」與內在的創造，然而「自我」的認知只限於表面的局部，既沒有全面性，又無視底下的矛盾對立，無法創造符合期待的經驗也是理所當然。《神之手》這本書的用意，除了建立內在如何於「自我」之下運作觀念之外，最重要的是打破自我侷限的想法。大多數人認為自己的性格、能力、聰明才智是固定了的，或者人本身的力量就是有限的（而且還是極可憐地有限），這不是事實，任何人都可能從其內在擷取超越他表象「自我」以為的更豐沛的性格面相、才智與力量，沒有受過教育的人會有大智慧，弱小的人能夠有巨力，怯懦的人可以剽悍英勇。人能從內在得知表象「自我」所不知道的事，甚至能得到世故手腕的教誨，也能得到情感的導引。

關鍵的前提就是你能否信任自己的內在是個博大無垠的世界，擁有無遠弗屆的視野和取之不竭的能耐。很多人覺悟性格決定了命運，天生有限的能力也決定了命運，而這些是無法以改變的，這種想法悲觀地侷限了自己。人的表象自己確實有著好似固態的模式，然而任何人的內在都擁有無窮盡的可能足以取用。人的性格無法改變（因為這就是他的本質），但卻可以增長、使其寬闊，其他種種條件也是。這第一關是信任和信念。《神之手》是一本初步法則的書，我想帶來這種對內在力量的信任感。

而在這本《神之手2》裡我進一步談的是生命經驗創造的邏輯，每件事物發生的必然性、必須性，我相信這多少能有助於理解為何有些事是得發生的，而有些事你認為它應該要發生卻其實不合理。

生命歷程的發展有其階段性，每個階段有其主題，而每個主題都有必須的意義，然而，人的自我意志、自由意志依然永遠扮演了決定性的關鍵角色，也正是因為如此，一個人能將他的生命經驗創造出最大的規格到突破現實世界中桎梏住了所有其他人的堅固秩序法則，一個人也能因為他的盲目、偏執、侷限性的信念，把自己帶到無法掙脫的困境。

我再三強調生命有藍圖，但這藍圖為的是讓「自我」能發揮更豐富的想像力與創造力，揮灑出更蓬勃的生命經驗，然而這藍圖的設計十分有挑戰性，「自我」如果不警覺，放縱朝負面偏失的態度，便會帶來痛苦不快。災難不是懲罰或者惡果，而是用來撼動、驅策「自我」，「自我」能反過來利用災厄修正、茁壯，創造新的奇蹟。

然而許多人就會疑問：「我不知道自己的生命藍圖，如何覺察自己是走對了還是走錯了？」、「我不知道自己在什麼階段、什麼主題上，如何明白我期待發生的事可不可能、我不想遭遇的事如何避免和脫離？」

探索和覺知自己的生命藍圖是一項很有意思的挖掘，終其一生你都可以從回顧過去的生命經驗、推敲自己正遭逢的人事物去玩味，然而並非一定要找出某個「正確答案」才足以指引自己。當你困惑於如何因應當下的遭遇時，只需明白內在無時無刻不在以種種生命的遭遇引導「自我」，只依照一個極其簡單的法則——擴大而非侷限。換言之，凡是往增長、擴展、豐富的方向便是對的，往狹隘、限制、退縮的方向便是錯的。這增長和擴大指的是讓「自我」的眼光、思考、價值邏輯都朝向開闊，生命經驗是透過吸納自身的不同面相，與和相歧異的他者互動獲取不同角度的經驗值，而不斷增加一己厚度，並融合新生的過程。

因此當遭遇不順遂、災禍、困厄和痛苦、健康受損、重大的期待落空……，或許可能這是生命階段主題的呈現，也可能是之前主題的偏失，不管是順著內在給予的主題去成長自己，或者調節偏失，當不知道主題、也不知道偏失在哪裡時，唯一能做出評斷的標準，就在於質問自己正往擴展還是侷限的方向走。

一個人很容易相信自己做的都是對的，自己不是犯錯的人，自己的正義就是真理的正義，自己的態度、自己的美學、自己的立場、自己的堅持……全都是最對最好的，去質疑自己並不是一件容易的事，明白自以為是的心態就是在劃地自限，違反內在的希求，也不是一件容易的事。但唯有如此才能掙脫不美滿的失落和困惑，創造理想的經驗。

如果你問我，我是否已從探索自己的生命藍圖，對自己的主題與今後的發展瞭如指掌？我很乾脆地回答，沒有，而且也不需要。我確實回顧自己的生命歷程，琢磨過自己每個階段的主題發展，對於每個階段的生命經驗為何如此，給我帶來了什麼助益，我感到驚奇並充滿樂趣，但除此之外，我一概視自己的藍圖一片空白，等我自己去寫。

既然明白內在如何運作，便當作有挑戰性的遊戲，我能接納自己的欲望、執著，而不需要恐懼挫敗、失落，並不是說我能使每件事的發生、發展合我心意，而是我能理解它為何呈現這樣的相貌。我必然仍會因種種內外情境焦慮、憤怒、受傷，我可能也依舊會陷入耽溺，但我至少知道該朝什麼方向將自己打開。我力求掌握從自身內在去創造外在的經驗，但從可行與不可行的差異當中更能瞭解自己信念系統的真貌。

後記

當我面對一個對算牌這種事嗤之以鼻、只相信實證主義、咄咄逼人地要我拿出算牌一定應驗的證據才能說服他這件事的可信度的時候，他大概不曉得他自己基本上與相信自稱三太子附身的神棍說要與之交合才能改厄運的可悲婦女沒有兩樣。一個有智慧之人怎可能只有在命運必須是死的、條約式的前提下，才認為那是可信服的概念？

換言之，「命運」二字，要麼它就是不存在，被完全否決，如果有這麼一回事，它就是死的，不能更改。這就是一般人對這兩個字的看法。無人看重命運的啟發性，也絲毫不想關注自我意志能創造命運的力量和自由度，每當我拿出牌的時候，絕大多數的人只關心準或不準，準的話這件事才有用（我看不出哪裡有用？如果不能改變、創造？），不準的話我就是騙子。

有一次一個年輕人問我，我是不是早就知道自己以後會成為一個算塔羅牌的人（換言之，我真那麼神的話，我就應該早就知道，然後我就讓我自己走上這條路）？很抱歉，我不是一個算塔羅牌的人，以前不是，現在不是，以後也不是，我當然不會「早知道」。因為我這一生任何時刻都不會想要去定義自己是個做什麼事的人。我是自由的。每一刻我有完全的自由選擇我要做什麼、不做什麼。

前陣子我認識了一群長距離越野拉力賽的賽手，照說從事這種高度有致命危險的極限運動，且是一項競賽性的運動的人，應該有想要窺知結果的欲望，但事實完全相反，這些人只活在當下。為了奪得冠軍而奔馳，這種奔騰的熱血是真實的，因為這樣的好勝心而馳騁於沙漠、冰川、急流，然而駛達終點以後，名次完全不重要了，美好一仗已打完，誰還在乎別的？頒獎的速度超乎我想像得快，我沒拍到一張清楚的照片！簡直令人哭笑不得。獎盃沒那麼重要，對一個心只在奔馳的賽車手而言，跑完了一切便結束。只有翻山越嶺、迎接挑戰的行駛過程是真實的。

這就是生命的真貌！人們老以為自己活在一種追求更好的狀態、脫離不佳的狀態的努力中，卻不曾注意到唯一的真實是，他活在生命的經驗當中，他正在創造命運的每一刻。

在內蒙巴丹吉林的比賽，某天發車前，一位賽車手的妻子遞給他一件外套。沙漠裡風雲詭譎，任何事都有可能發生，如果被困在沙漠中直到日落，氣溫可能降到零度。然而這位賽車手拒絕了，他說：「不需要，我不會待在沙漠裡。」這回答真妙，典型的「最準確的預測未來就是去創造它」！

然而，這是一位擁有高度沙漠行車技巧、深諳沙漠地形、嫻熟汽車構造與維修、擁有豐富經驗的賽車手，因此他能如此豪邁誇口。換言之，人能充分精確地創造命運，但是得對命運的運行有足夠的理解和智慧。

鑽石途徑 I
【現代心理學與靈修的整合】
作者—阿瑪斯
策劃、翻譯—胡因夢　定價—350元

阿瑪斯發展出的「鑽石途徑」結合了現代深度心理學與古代靈修傳統，幾乎涵蓋人類心靈發展的所有面向。這個劃時代的整合途徑，將帶來有別於傳統的啓蒙和洞識。

鑽石途徑 II
【存在與自由】
作者—阿瑪斯　譯者—胡因夢　定價—280元

開悟需要七大元素——能量、決心、喜悅、仁慈、祥和、融入和覺醒。這些元素最後會結合成所謂的鑽石意識，使我們的心靈散發出閃亮剔透的光彩！

鑽石途徑 III
【探索眞相的火焰】
作者—阿瑪斯　譯者—胡因夢　定價—260元

你是誰？爲什麼在這裡？又將往哪裡去？這些問題像火焰般在你心中燃燒，不要急著用答案來熄滅它，就讓它燒掉你所有既定的信念，讓這團火焰在你心中深化；讓存在變成一個問號，一股熱切的渴望。

鑽石途徑 IV
【無可摧毀的純眞】
作者—阿瑪斯　譯者—胡因夢　定價—420元

在本系列最深入的《鑽石途徑IV》中，阿瑪斯提出個人本體性當在剝除防衛、脫離表相、消除疆界後，進入合一之境，回歸處子的純眞狀態，讓知覺常保煥然一新，在光輝熠熠的實相中，看見鮮活美好的世界。

萬法簡史
作者—肯恩．威爾伯
譯者—廖世德　定價—520元

這本書要說的是——世界上每一種文化都是重要的部分眞理，若能把這些部分眞理拼接成繁美的織錦，便可幫助你我找出自己尚未具備的能力，並將這份潛能轉譯成高效能的商業、政治、醫學、教育、靈性等活力。

生命之書
【365日的靜心冥想】
作者—克里希那穆提
譯者—胡因夢　定價—400元

你可曾安靜地坐著，既不專注於任何事物，也不費力地集中注意力？若是以這種方式輕鬆自在地傾聽，你就會發現心在不強求的情況下產生了驚人的轉變。

關係花園
作者—麥基卓、黃煥祥
譯者—易之新　定價—300元

關係，像一座花園，需要除草、灌溉、細心長久的照料。健康的花園充滿能量，生機盎然，完美的親密關係也一樣，可以滋養每一個人，讓彼此都有空間成長、茁莊。

健康花園
作者—麥基卓、黃煥祥
譯者—魯宓　定價—240元

你是否覺得自己孤單、憂鬱、不滿足與無所依靠？爲了想讓自己過得健康快樂，你也許已經向外嘗試不同的解決之道。但是，其實不需要改變外在世界就可以活得更健康，關鍵在於，你要能夠改變內在的你。

生命花園
作者—黃煥祥、麥基卓
譯者—陶曉清、李文瑗、殷正洋、張亞輝、姚黛瑋
定價—450元

我們每一個人的功課，就是要去找到屬於自己的，通往自由、負責、健康與快樂的路徑，一個能眞正滋養自我的心靈花園。

存在禪
【活出禪的身心體悟】
作者—艾茲拉．貝達
譯者—胡因夢　定價—250元

我們需要一種清晰明確的實修方式，幫助我們在眞實生命經驗中體證自己的身心。本書將引領你進入開闊的自性，體悟心中本有的祥和及解脫。

箭術與禪心
作者—奧根．海瑞格
譯者—魯宓　定價—180元

海瑞格教授爲了追求在哲學中無法得到的生命意義，遠渡重洋來到東方的日本學禪，他將這段透過箭術習禪的曲折學習經驗，生動地記錄下來，篇幅雖短，卻難能可貴地以文字傳達了不可描述的禪悟經驗。

耶穌也說禪
作者—梁兆康
譯者—張欣雲、胡因夢　定價—360元

本書作者試圖以「禪」來重新詮釋耶穌的教誨，在他的筆下，耶穌的日常生活、他所遇到的人以及他與神的關係，都彷彿栩栩如生地呈現在我們的眼前；頓時，福音與耶穌的話語成爲了一件件禪宗公案與思索的主題。

生命不再等待

作者一佩瑪．丘卓　審閱一鄭振煌
譯者一雷叔雲　定價一450元

本書以寂天菩薩所著的《入菩薩行》爲本，配以佩瑪．丘卓既現代又平易近人的文字風格；她引用經典、事例，沖刷掉現代生活的無明與不安；她也另外調製清新的配方，撫平現代人的各種困惑與需求。

當生命陷落時

【與逆境共處的智慧】
作者一佩瑪．丘卓
譯者一胡因夢、廖世德　定價一200元

生命陷落谷底，如何安頓身心、在逆境中尋得澄淨的智慧？本書是反思生命、當下立斷煩惱的經典作。

轉逆境爲喜悅

【與恐懼共處的智慧】
作者一佩瑪．丘卓
譯者一胡因夢　定價一230元

以女性特有的敏感度，將易流於籠統生硬的法教，化成了順手拈來的幽默譬喻，及心理動力過程的細膩剖析。她爲人們指出了當下立斷煩惱的中道實相觀，一條不找尋出口的解脫道。

不逃避的智慧

作者一佩瑪．丘卓
譯者一胡因夢　定價一250元

繼《當生命陷落時》、《轉逆境爲喜悅》、《與無常共處》之後，佩瑪再度以珍珠般的晶瑩語句，帶給你清新的勇氣，及超越一切困境的智慧。

無盡的療癒

【身心覺察的禪定練習】
作者一東杜仁波切
譯者一丁乃竺　定價一300元

繼《心靈神醫》後，作者在此書中再次以身心靈治療爲主、教授藏傳佛教中的禪定及觀想原則；任何人都可藉由此書習得用祥和心修身養性、增進身心健康的方法。

十七世大寶法王

作者一讓保羅．希柏　審閱一鄭振煌、劉俐
譯者一徐筱玥　定價一300元

在達賴喇嘛出走西藏四十年後，年輕的十七世大寶法王到達蘭薩拉去找他，準備要追隨他走上同一條精神大道，以智慧及慈悲來造福所有生靈。

大圓滿

作者一達賴喇嘛
譯者一丁乃竺　定價一320元

「大圓滿」是藏傳佛教中最高及最核心的究竟眞理。而達賴喇嘛則是藏傳佛教的最高領導，一位無與倫比的佛教上師。請看達賴喇嘛如何來詮釋和開示「大圓滿」的精義。

108問，與達賴喇嘛對話

作者一達賴喇嘛
對談人一費莉絲塔．蕭恩邦　定價一240元

作者以深厚的見解，介紹佛教哲理、藏傳佛教的傳承，及其對西方現代世界的重要性，對於關心性靈成長，以及想了解佛教和達賴喇嘛思想精華的讀者，這是一本絕佳的入門好書！

隨在你

作者一吉噶．康楚仁波切
譯者一丁乃竺　定價一240元

心就像一部電影，外在世界的林林總總和紛飛的念頭情緒，都是投射於其上的幻影。如果我們可以像看電影般地看待自己的生命，就可以放鬆心情，欣賞演出，看穿現象的流動本質，讓妄念自然來去。

當囚徒遇見佛陀

作者一圖丹．卻准
譯者一雷叔雲　定價一250元

多年來，卻准法師將佛法帶進美國各地重刑監獄。她認爲，佛陀是一流的情緒管理大師，可以幫助我們走出情緒的牢籠。

病床邊的溫柔

作者一范丹伯
譯者一石世明　定價一150元

本書捨棄生理或解剖的觀點，從病人受到病痛的打擊，生命必須面臨忽然的改變來談生病的人遭遇到的種種問題，並提出一些訪客箴言。

疾病的希望

【身心整合的療癒力量】
作者一托瓦爾特．德特雷福仁、
　　　呂迪格．達爾可
譯者一易之新　定價一360元

把疾病當成最親密誠實的朋友，與它對話——因爲身體提供了更廣的視角，讓我們從各種症狀的痛苦中學到自我療癒的人生功課。

Holistic 071

神之手2

透視你的生命藍圖

作者—成英姝

出版者—心靈工坊文化事業股份有限公司
發行人—王浩威
總編輯—徐嘉俊　執行編輯—林依秀
內文排版—董子瑈
通訊地址—10684台北市大安區信義路四段53巷8號2樓
郵政劃撥—19546215　戶名—心靈工坊文化事業股份有限公司
電話—02）2702-9186　傳真—02）2702-9286
Email—service@psygarden.com.tw　網址—www.psygarden.com.tw

製版・印刷—中茂分色製版印刷事業股份有限公司
總經銷—大和書報圖書股份有限公司
電話—02）8990-2588　傳真—02）2990-1658
通訊地址—248台北縣五股工業區五工五路二號
初版一刷—2012年1月　初版二刷—2023年3月
ISBN—978-986-6112-33-1　定價—280元

國家圖書館出版品預行編目資料

神之手2：透視你的生命藍圖／
／成英姝作；.
-- 初版. -- 台北市：心靈工坊文化，2012.01　面；公分. --（Holistic；071）
ISBN 978-986-6112-33-1（平裝）
1. 占卜

292.96　100026199

心靈工坊 PsyGarden 書香家族 讀友卡

感謝您購買心靈工坊的叢書，爲了加強對您的服務，請您詳填本卡，
直接投入郵筒（免貼郵票）或傳眞，我們會珍視您的意見，
並提供您最新的活動訊息，共同以書會友，追求身心靈的創意與成長。

書系編號—HO071　　書名—神之手2——透視你的生命藍圖

姓名　　是否已加入書香家族？ □是 □現在加入

電話 (O)　　(H)　　手機

E-mail　　生日　　年　　月　　日

地址 □□□

服務機構　　職稱

您的性別—□1.女 □2.男 □3.其他

婚姻狀況—□1.未婚 □2.已婚 □3.離婚 □4.不婚 □5.同志 □6.喪偶 □7.分居

請問您如何得知這本書？

□1.書店 □2.報章雜誌 □3.廣播電視 □4.親友推介 □5.心靈工坊書訊
□6.廣告DM □7.心靈工坊網站 □8.其他網路媒體 □9.其他

您購買本書的方式？

□1.書店 □2.劃撥郵購 □3.團體訂購 □4.網路訂購 □5.其他

您對本書的意見？

□ 封面設計　1.須再改進 2.尚可 3.滿意 4.非常滿意
□ 版面編排　1.須再改進 2.尚可 3.滿意 4.非常滿意
□ 內容　1.須再改進 2.尚可 3.滿意 4.非常滿意
□ 文筆／翻譯　1.須再改進 2.尚可 3.滿意 4.非常滿意
□ 價格　1.須再改進 2.尚可 3.滿意 4.非常滿意

您對我們有何建議？

▲您的意見，我們將轉貼在心靈工坊網站上，www.psygarden.com.tw

廣告回信
台北郵政登記證
台北廣字第1143號
免貼郵票

心靈工坊 PsyGarden

10684台北市信義路四段53巷8號2樓

讀者服務組 收

免貼郵票

(對折線)

加入心靈工坊書香家族會員
共享知識的盛宴，成長的喜悅

請寄回這張回函卡（免貼郵票），
您就成爲心靈工坊的書香家族會員，您將可以——

⊙隨時收到新書出版和活動訊息

⊙獲得各項回饋和優惠方案